韩非子的法  道德经的道

欧阳彦之◎著

台海出版社

图书在版编目(CIP)数据

韩非子的法,道德经的道 / 欧阳彦之著.
--北京:台海出版社,2015.7

ISBN 978-7-5168-0657-9

Ⅰ.①韩… Ⅱ.①欧… Ⅲ.①《韩非子》-通俗读物
②《道德经》-通俗读物 Ⅳ.①B226.5-49 ②B223.1-49

中国版本图书馆 CIP 数据核字(2015)第 159695号

韩非子的法,道德经的道

著　　者:欧阳彦之

责任编辑:姚红梅

装帧设计:天下书装　　　　版式设计:通联图文

责任校对:唐思磊　　　　　责任印制:蔡　旭

出版发行:台海出版社

地　址:北京市朝阳区劲松南路 1 号,　邮政编码:100021

电　话:010-64041652(发行,邮购)

传　真:010-84045799(总编室)

网　址:www.taimeng.org.cn/thcbs/default.htm

E-mail:thcbs@126.com

经　销:全国各地新华书店

印　刷:北京柯蓝博泰印务有限公司

本书如有破损、缺页、装订错误,请与本社联系调换

开　本:710mm×1000mm　　　　1/16

字　数:217 千字　　　　　　印　张:16.5

版　次:2015 年 8 月第 1 版　　印　次:2015 年 8 月第 1 次印刷

书　号:ISBN 978-7-5168-0657-9

定　价:35.00 元

前言

1

韩非子(约公元前280年~前233年),战国末期韩国(今河南新郑)人,法家学派创始人,中国古代杰出的思想家、哲学家和散文家。

韩非子英年早逝,但他所创立的法家学说为中国第一个统一专制的中央集权制国家的诞生提供了理论依据,并为后人留下了先秦法家理论集大成之作品《韩非子》。

《韩非子》共55篇,分20卷,约10万言。纵观《韩非子》全书,构思精巧,说理缜密,描写大胆,文锋犀利,议论透辟,语言幽默,全面论述了韩非子的法治思想。

韩非子反对保守的复古思想,主张锐意改革。他认为历史是向前发展的,一切法律和制度都要随历史的发展而发展,既不能复古倒退,也不能因循守旧。他把守旧的人讽刺为"守株待兔"之人,主张"不期修古,不法常可","世异则事异"。

韩非子强调,既然制定了"法",就要严格执行,任何人都不能例外,要力求做到"法不阿贵","刑过不避大臣,赏善不遗匹夫";赏罚分明,则伯夷、盗跖不乱,如此则白黑分矣";赏罚有度,"用赏过者失民,用刑过者民不畏"。

本书上篇撷取了《韩非子》原著中的理论精华,从现代生活的角度诠释了韩非子的智慧。书中论题鲜明,结构严谨,行文流畅,说理透彻。每一篇文章,除有理论阐释外,还选编了古今中外的经典故事进行解说。

2

老子,是中华民族智慧的一个高峰。

根据《史记》的记载:"老子者,楚苦县厉乡曲仁里人也。姓李氏,名耳,字聃。"这里所说的"曲仁里"位于现在的河南省鹿邑县东。关于他的出生与形象,有很多传说。有的说"身长八尺八寸,黄色美眉,长耳大目,广额疏齿,方口厚唇,日角月悬,鼻有双柱,耳有三门,足蹈二五,手把十文。周时人,李母八十一年而生";也有人说"李母怀胎八十一载,逍遥李树下,乃割左腋而生";还有一种说法是"李母昼夜见五色珠,大如弹丸,自天下,因吞之,即有娠"。是非真假,莫衷一是。他的生卒年无从查考,寿命也是未解之谜,160岁、200岁等说法都言之凿凿,却无从考证。我们目前只知道这位智者是道教创始人,被后世尊称为"太上老君"。

骑青牛、御紫气、列仙班,是后人对老子的主要刻画,其中包含的后人对老子的尊崇和敬仰之情也是十分明显的。

老子也做过官,他曾经是周朝的"守藏史"——管理周朝的王室藏书。但在看到周朝王室的破败萧条之后,他决定弃职西去。在路过函谷关的时候,老子被颇具慧眼的关令尹喜留住,并在其要求下,"著书上下篇,言道德之意五千余言而去,莫知其所终。"这就是《道德经》的来历。

此后,这位先贤再也没了消息,留给后人无尽的想象。

老子是一位不喜言论的思想家,然而他说出来的每句话都字字珠玑——短短81章的《道德经》蕴含了老子智慧的精华。老子的《道德经》含有丰富的辩证法思想,老子哲学与古希腊哲学一起构成了人类哲学的两

个源头,老子也因其深邃的哲学思想而被尊为"中国哲学之父"。老子的思想被庄子所传承,并与儒家和后来的佛家思想一起构成了中国传统思想文化的内核。

本书下篇从做人准则、处世准则、做事之道、修身养生等方面对老子之道进行了较为透辟的分析,以古今中外一些经典事例为背景,采用了浅显易懂的文字进行叙述,让读者在一种轻松的氛围下感悟老子的人生智慧。

3

从表面上看,道家与法家代表了中国古代思想的两个极端。然而,司马迁在《史记》中却将老子、韩非合并列传,并说韩非"喜刑名法术之学,而其归本于黄老",说明韩非的基本思想源于老子。

韩非子和老子的渊源是显而易见的,因为韩非子写了两本书,一本是《喻老》,一本是《解老》。这两本册子虽然只是对《道德经》一书部分文本所作的注释和说明,但丝毫掩饰不住韩非子直接接受老子思想的影响。

韩非子《解老》将老子之道转化为"理","理"是"万理之理",即对具体事物之纹理特征的抽象统会,可以用来沟通万物。与老子相同的是,韩非子注重"理"的变动性,强调因物之性、因时而变,这是其思想最具活力之处。

本书特将《道德经》与《韩非子》一起解述,将其中蕴含的丰富哲理和人生智慧充分展现给读者。

目录

上篇　韩非子的法

下篇　道德经的道

上 篇

韩非子的法

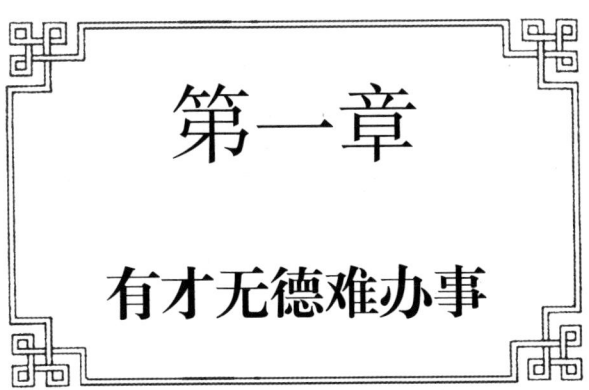

第一章

有才无德难办事

1.信誉是个人的品牌

【原文】

齐伐鲁，索谗鼎，鲁以其雁往。齐人曰："雁也。"鲁人曰："真也。"齐曰："使乐正子春来，吾将听子。"鲁君请乐正子春，乐正子春曰："胡不以其真往也？"君曰："我爱之。"答曰："臣亦爱臣之信。"

【大意】

齐伐鲁，索要鲁国的谗鼎，鲁国给齐国送去了一只假谗鼎。齐国人说是假的，鲁国人说是真的。怎么验证真假呢？齐国人说："让鲁国乐正子春来验证，我们相信他。"鲁国国君要乐正子

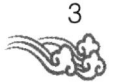

春去齐国，乐正子春说："为什么不拿真的送给人家呢？"鲁国国君说："我爱它。"乐正子春回答说："我更爱惜我的信誉。"

韩非子通过这个故事告诉我们：信誉是个人的品牌，是个人的无形资本。有形资本失去了还可以重新获得，无形资本一旦失去，就很难重新找回了。所以，再困难，也不能透支无形资本。

为人，首先要学会做人，二是学会做事。然而，无论是做人还是做事，都离不开一个"诚"字。古代做生意讲究"童叟无欺"，现代做生意讲究"诚信为本"；古代交朋友讲究"肝胆相照"，现代交朋友讲究"一诺千金"。所以，老子一直告诫我们"信不足焉，有不信焉"，让我们在做人方面一定要谨守诚信美德。因为诚信可以让我们交到更多的朋友，让我们获得更多的信赖，使人生之路更加顺畅。

抗战时期，某县内有一个姓胡的石匠，为人忠厚。一次，他应人要求去修石磨，那人叮嘱了他几句就离开了。胡石匠在打开磨底时，发现石磨内藏了数十个金元宝。一般人见此，就算不拿着财物逃之夭夭，至少也会犹豫一下。而胡石匠却没有丝毫犹豫，果断将石磨密封，而后将此事告知主人，一时传为佳话。

当时，这个县内有一伙啸聚山林、打家劫舍的土匪，抗日力量念这帮土匪几次伏击日伪军有功，根据政策对其开展了争取团结的工作。匪首对此感激涕零，但又考虑到自己曾有劣迹，一时踌躇无语。几经争取，匪首才以实言相告，惧怕投诚之后遭到清算，想找一可信之人作证，以担保其日后的安全。

抗日力量列举了这个县内数个绅士名流，匪首都摇头否定，最后，匪首自报人名一个：胡石匠！

　　匪首并未见过胡石匠，他之所以相信胡石匠的担保，完全是因为对方的信誉。可见，坦诚之人更容易让人信服。

　　东汉的许慎在他所著的《说文解字》中说"诚，信也"，又说"信，诚也"。由此可见，"诚"和"信"，无论是单独使用还是相连使用，在古代都是同一个意思，诚实守信无论是在古代还是现代，都具有十分重要的意义。

　　自古以来，诚实守信就是做人最基本的品德，"言出必行""一诺千金""诚实不欺"一直被公认为为人处世的基本准则。

　　西汉初年有一个叫季布的人，他为人正直，乐于助人，而且非常讲信义，只要是他答应的事，无论多么困难，他都会想方设法地办到，所以名声很好。

　　季布曾是项羽的部将，他很会打仗，几次大败刘邦，弄得刘邦很是狼狈。后来项羽被围自杀，刘邦夺取天下，当上了皇帝。每每想起败在季布手下的事，刘邦都十分生气。愤怒之下，刘邦下令缉拿季布。

　　幸好有个姓周的人得到了这个消息，秘密地将季布送到了鲁地一户姓朱的人家。朱家是关东一霸，素以"仁侠"闻名，朱家的家主很欣赏季布的侠义行为，所以很乐意庇护他。不仅如此，朱家家主还专程到洛阳去找汝阴侯夏侯婴，请他解救季布。

　　夏侯婴自小就与刘邦亲近，后来跟刘邦起兵，转战各地，为刘邦建立汉王朝立下了汗马功劳。他很同情季布的不幸处境，在刘邦面前为季布说情，终于使刘邦赦免了季布，还封他为郎中，不久又任命他为河东太守。

　　当时，楚地有个名叫曹丘生的人，能言善辩，专爱结交权贵。季布与其虽是同乡，却很瞧不起他，并在一些朋友面前表示过厌恶之意。曹丘生

听说季布做了大官，一心想巴结他，特地请求国戚窦长君向季布推荐自己。窦长君早就知道季布对曹丘生印象不好，劝他不要去见季布，免得惹出是非。但曹丘生坚持要窦长君介绍，窦长君无奈，只好勉强写了一封推荐信，派人送到季布那里。

季布读了信后，很不高兴，准备等曹丘生来了，当面教训教训他。过了几天，曹丘生果然登门拜访。季布一见曹丘生，就面露厌恶之色。曹丘生对此毫不在乎，先恭恭敬敬地向季布施礼，然后慢条斯理地说："我们楚地有句俗语，叫'得黄金百两，不如得季布一诺'。您是怎样得到这么高的声誉的呢？您和我都是楚人，如今我在各处宣扬您的好名声，这难道不好吗？您又何必不愿见我呢？"

季布觉得曹丘生说得很有道理，顿时对其大为改观，并热情款待他，留他在府里住了几个月。曹丘生临走时，季布还送了他许多礼物。之后，曹丘生果然照自己说的那样，每到一地就宣扬季布如何礼贤下士、如何仗义疏财。经过曹丘生的宣传，季布的名声越来越大。后人也用"一诺千金"来形容一个人很讲信用，说话算数。

诚实守信在社会交往中有着十分重要的作用。说话实实在在、说到做到，才能使人产生信任感，进而建立合作关系。相反，轻诺寡信，一而再地自食其言，必然会引起人们的猜疑和不满。只有彼此守信，友谊才能持久。

想要做到诚信，必须具备诚信的世界观，养成诚信的品格，这需要我们在生活、学习和工作中处处以诚为本，凡与诚信相符者就做，与其相悖者坚决不做。如若不然，必将一事无成。

2.先看其德,再看其才

【原文】

德者,内也;得者,外也。

【大意】

道德,是人内部存在的东西;而得到,是人从外部得到的。

在韩非子看来,道德是一个人必须确立的内在标准,没有这个内在标准,人生之路就会失去支撑,最终走向失败。因此,做人必须"以德立身"。

"以德立身"贯穿于每个人的整个人生中。在人生的不同阶段,道德对人的要求会有不同的变化,每个人体验和经历的内容也不一样,但是,"以德立身"的人生支柱是不变的,它对每个人的人生大厦起着支撑作用的定律是不变的。

"德"是指一个人的品性、德行。我们很难想象,一个品行不端的人能结识真正的朋友,获得长久的事业成功。这样的人很难令人与之长期合作,因为这种人不是搞一锤子买卖,就是过河拆桥;他们甚至还可能受某种利益的驱使,铤而走险,走上歧途……

据史书记载,商纣王天生神力、异于常人,能够托梁换柱、倒拽九牛、徒手与兽搏斗。此外,他还天赋聪颖、才思敏捷、能言善辩。可见,我们印

象中的"暴君"纣王,绝非传统意义上的低智商的"昏君"。

以纣王独有的天赋,本可治理好国家,成就惊天动地的伟业,与祖先商汤、盘庚、武丁等明主一并载入史册,扬名后世。但令人遗憾的是,他的聪明才智未能用到好地方:他荒淫无度,宠信奸妃妲己,建造"酒池肉林";他凶残成性,创立了炮烙、虿盆等多种残酷刑法;他残害忠良,就连自己的叔父比干也要"挖心"而后快……

总之,纣王的所作所为真是泯灭人性、罄竹难书,因而在周武王起兵伐商后,早已恨透纣王的平民和奴隶们纷纷阵前倒戈。纣王见大势已去,自焚身亡,商王朝也随之覆灭。至此,纣王终于在史册上稳坐"首席暴君"的宝座。

天时、地利、人和,这治天下的三大要素商纣王都具备,但由于他"德行不够",最终导致众叛亲离、国破家亡,真是可悲兮、应然哉。德商是我们的立人之本,是我们成功道路上不可缺少的基石。拥有较高的德商,我们才能拥有自己的人脉,为成功的人生道路铺上坚实的基础。

我国著名教育家陶行知先生说:"千学万学,要学会做人。"我国古代圣贤也告诉我们:德高才能望重。韩非子提醒我们,德乃人生事业的基础,是个人才能的统帅和主心骨。反之,离开了道德的建树,事业就会失去稳固的基础,如艳丽一时而不可长存的花朵;缺乏道德的约束,个人的卓越才能就有走向反面的可能。

那么,如何"以德立身"呢?

韩非子的回答是解决好"德"与"得"的关系,做到不因"得"而丧"德"。换言之,就是舍利而取道。利,即利益;道,即道义。就是要使自己在主观上无愧于自己的良知,在客观上昂扬社会的正气。

在此,韩非子也提醒领导者,选贤用能必须坚持一个标准:德才兼备,并且德更为重要。德与才是统帅和被统帅的关系。

赵明是一家大公司的技术部经理,在专业领域有很大的建树,而且做事果断、有魄力,老板很器重他。

一天,有一位相识的港商请他到酒吧喝酒,几杯酒下肚,港商一本正经地对他说:"老弟,我想请你帮个忙。"

"帮什么忙?"赵明觉得有点奇怪。

港商说:"最近我准备同你们公司洽谈一个合作项目。如果你能把相关的技术资料提供给我一份,将会使我在谈判中占据主动地位。"

"什么?你让我做泄露公司机密的事?"赵明皱起了眉头。

港商压低声音说:"你帮我忙,我是不会亏待你的。如果成功了,我给你15万元的报酬。这事只有天知、地知、你知、我知,对你没一点儿影响。"说着,港商就把15万元的支票塞到了赵明手里,赵明把支票收下了。第二天,他便给港商提供了一份公司高度机密的技术资料。

在谈判中,赵明的公司一直处于被动,结果整个项目谈成后少挣了好几百万元。事后,公司查明了真相,毫不犹豫地将赵明辞退了,那15万元的支票自然也被追回。

面对任何诱惑都不能丢了最基本的做人的原则。无论在什么时候,我们都应该坚守自己做人的底线。底线是做人的标尺,守住底线是做人最起码的要求。所以,领导者在用人时,一定要先看其德,再看其才。只有这样,才能选出真正适合的人。

3.不以善小而不为

【原文】

千丈之堤,以蝼蚁之穴溃;百尺之室,以突隙之烟焚。

【大意】

千里大堤,因为有蝼蚁在打洞,可能会因此而塌掉决堤;百尺高楼,可能会因为烟囱的缝隙冒出火星,引起火灾而焚毁。

韩非子用这个比喻告诉我们:事物都有一个量变到质变的过程。"合抱之木,起于毫末;九层之台,起于累土。"积少可以成多,积小可以变大。

刘备临死前曾告诫他的儿子刘禅,要"勿以恶小而为之",同时,他也提出了"勿以善小而不为"的要求。这后一句话,对帮助人们立身处世有非常重要的作用。

生活中有这样一种人,他们不愿意在平时一点一滴地做好事,不愿一步一个脚印地锻炼自己,而奢望有朝一日能"一鸣惊人",做出一番惊天动地的大事业,转眼间一举成名天下知。不客气地说,这只是幼稚者的幻想。

"不积跬步,无以至千里;不积小流,无以成江海。"古人认为,只要"不以善小而不为",由小善而成大善,便人人"皆可以为尧舜"。

人生在世,总要有个基本的生活态度,起码要自觉做到为善不为恶。好事可以有大小,而做好事的精神却不可以有丝毫懈怠,尤其是对于不

为人们瞩目甚至不为人们理解的好事,更要坚持不懈地去做。山不拒细壤,固能成其高;海不拒涓流,才能成其大;坚持做小的好事,才可以做大的好事。

然而,有的人却只想做大好事,对小好事不重视,懒怠去做。

《后汉书》中写了一个叫陈蕃的人,他是个踌躇满志的少年,一心想做"治国平天下"的大事。当时,陈蕃独居一处,因不愿把时间浪费在"扫一屋"这样的小事上,所以他的住所非常脏乱不堪。一天,他父亲的好友薛勤来访,见他的屋里、院里脏得实在不像话,便问他为何不打扫。陈蕃却振振有词地说:"大丈夫处世应当扫天下,岂能只扫一屋?"薛勤反问他:"连一屋都不肯扫,你又怎能扫天下?"问得陈蕃张口结舌,无话可答。

"扫一屋"虽然不足挂齿,然而,薛勤将它与"扫天下"联系起来,认为不愿扫一屋的人,便不可能扫天下。的确,连小事都不愿去干,怎么能干出大事?"小善"尚且不去为,怎么能为"大善"呢?

明朝礼部尚书杨翥骑驴上朝,邻居家有幼子,见驴便大哭,邻居不敢怨言。此事被杨翥知道后,他立即把驴卖了,步行上朝,只为博孩童一笑。

南宋人刘宰一生乐善好施,他曾任过江宁尉。有一次,刘宰路过观城,恰逢当地遭遇蝗灾。眼见田里的庄稼即将不保,刘宰急忙命令兵士帮助农民灭蝗,这才使得此地庄稼免遭绝收。

宁宗开禧年间,韩侂胄率兵伐金,刘宰认为打仗只会徒耗民力,所以极力反对北伐。北伐失败后,刘宰因厌倦官场而辞官隐居故里。就在刘宰回到家乡后不久,也就是嘉定二年,金坛又发生了饥荒,刘宰便在当地创办了中国历史上第一个私人粥局,救济灾民。

　　此后几年内,刘宰两次设立粥局。据史料记载,每天受到粥惠的老百姓超过万人。此外,在隐居的30年里,刘宰还在家乡设置了义仓,创立了义役。只要乡里有人无地可种或者无家可归,刘宰就会倾力相助,把对方当成自己的家人一样看待。

　　嘉熙三年,刘宰去世。他出殡的那天,当地百姓"罢市走送",人群绵延数十里,"人人如哭其私亲",可见当地老百姓对他的爱戴之情。朝廷为奖刘宰善义,赐谥号"文清"。

　　这些事情有小有大,体现出了一个人的善心,表现出了一种"你快乐,我更快乐"的善。如果每个人都能够做到与人为善,彼此善意以待,这个社会一定会更加和谐。

　　法国作家亨利·肖曾说过:"一个乐善好施的人,随着他不断施舍,会在他身上形成一种越来越强烈的幸福感。"确实,每做一次好事就能给人带去一种幸福感,随着做好事的次数不断增多,其心情也会更加愉悦。至于坏事,只要一直秉承着无论影响多小都不做的原则,就一定能够让我们时刻保持在正轨上。

4.内修比外在更重要

【原文】

　　和氏之璧,不饰以五彩;隋侯之珠,不饰以银黄。其质至美,物不足以饰之。夫物之待饰而后行者,其质不美也。

【大意】

和氏璧不用五种颜色来修饰，隋侯珠也不会用白银黄金装饰。因为它们的质地本身已经好到了极点，根本不需要其他的东西来做辅助性的修饰。那些需要借助外力才能发挥魅力的东西，它们的质地肯定也是不好的。

生活中，有些人太过于依赖外部的修饰，好让自己变得像个"成功者"，却忘了修炼内在魅力的重要性。

如何修炼内在的魅力呢？

(1) 自律

自律就是依据个人已经形成的道德理想和标准而进行的自主选择和自我约束。不能自律的人，注定会失败；即使能够成功，也只是昙花一现。北京大学最基本的领袖教育方式，就是不断地通过北大精神与领袖训练课程，让学生学会约束自己，从开始的被迫遵守规则，到最后使自我约束的意识成为一种习惯。

在人类的历史上，道德从来就是规范人的行为、调整人们相互关系的巨大力量。这种规范、调整作用是通过人的自律实现的。自律是相对于纪律、法律等的外在约束而言的。同样面对抢劫的歹徒，有的人会挺身而出，伸张正义，有的人却站在旁边，麻木不仁；同样面对行贿者的金钱，有的人可以婉言谢绝，有的人则会伸手笑纳……自律是通过社会的道德教化和个人的道德修养的双重过程形成的，是有道德的人和没有道德的人的分水岭。一个自律能力差的领袖是一个失败的领袖。由于领袖所处的特殊位置，意味着他要比普通人面临更多的诱惑，而怎样把持自我就成为了衡量领袖个人魅力的最终标尺。试想，一个自律能力差的人，怎么能管理好一个群体组织，成为人们的精神领袖呢？

(2)修炼广阔的胸襟

胸襟是一股用尽天下之才、天下之利的气度，是对异己的包容、对陌生的包容、对不如己者的包容。只有具备这样的胸襟，我们才能形成一种从大处看人生的态度，让生命的境界变得广阔无疆。

美国的杰拉德·福特总统就职时，正值总统名声被尼克松弄得污秽不堪时。为了挡住记者们的唇枪舌剑，福特总统不惜自我嘲讽，借以保持良好的形象。

有一次，记者们声称："他（指福特总统）的大脑曾经在打球时受伤而变得愚钝。"对此，福特并没有恼羞成怒，而是召开记者招待会，以戴上旧时球帽的做法含蓄地进行了回击。

福特的精明之处在于，他在报界攻击他的臀部大时，已极尽可能地自嘲；在别人攻击他无能平庸时，已早早坦率地承认了自己的平庸和无能。这样一来，别人再杜撰他的笑话，当然只能是自讨没趣。这样的做法，不仅使得福特的总统形象毫发无损，还给人们留下了一个有修养、胸襟宽广的印象。

(3)热情

有的时候，我们仿佛已经习惯了漠然和回避，不愿做出热情的举动，引起他人的注意，却完全没有想到，身边的人们是多么希望能够得到热情之光的照耀。

在部门的每周例会上，领导说完话后，下属们都习惯性地低下了头，很少有人说一些自己的想法和建议；在某些会议场合，我们习惯了坐在后排，任凭前面几排的座位空着，也要到角落里自己搬凳子坐；我们懒得在打开办公室的门之后，对已经就座的同事们充满热情地问好……是的，我们对谁都没有恶意，却常常成为"冷场"的罪魁祸首，而这种冷场是任何一个组织的领导者都不愿意看到的。

在大多数人都停留在"没有恶意"的状态中时，那些充满热情的人早就占据了先机。因为热情意味着与人为善、友爱、关心、尊重、友谊……更重要的是，热情的行动将每个人心中都存在的因子表达了出来，成为人们可看可感的亲切，这些都是赢得他人好感的重要因素。而且，总能保持热情的人拥有一种积极向上的生命力量，这种气质像一块磁铁，把伯乐、朋友、贵人、福气带到你的身边。

由于性格等原因，你对人普遍的、持之以恒的热情并不一定能够得到他人及时的回应，但你的问候、微笑会潜入他的心里，对他的思想、态度产生潜移默化的影响。这位犹太人就是凭借自己对他人的热情，在关键时刻为自己赢得了生的希望。所以，一些人心里所担忧的"我对别人热情，对方却还是无所回应，那太没面子"的想法实在太幼稚了。就像礼多人不怪一样，真诚的热情带来的效应永远不可能是负面的。

当你平时的关心、鼓励日渐汇聚在他人身上时，对方的内心会对你产生感谢之情，以后会试图采取各种办法回报你，如果碰上一个能够回报你的机会，他会毫不犹豫地行动起来。

孟子曰："爱人者，人恒爱之；敬人者，人恒敬之。"由此可见，如果你能够经常对别人表示出关心和爱护，别人对你也会有同样的举动。所以，在生活中，无论你是否有求于对方，都应该对别人多一点关心，这样别人也会回报你更多的关心，如此一来，你做事情就会多一些助力、少一点麻烦。当世上再没有阻碍你前进的绊脚石时，你想要达成的目标还会远吗？

总之，要成为真正的成功者，除了要在外表上包装自己，还要注重内在的修炼，培养出自律、宽容、热情等良好的品行。

5.勇于负责,不可偏听偏信

【原文】

明君之道,贱德义贵,下必坐上,决诚以参,听无门户,故智者不得诈欺。

【大意】

英明君主的原则是:卑贱的人可以议论尊贵的人,下面的人犯了错误一定要连带上面的人负责,用检验的方法来判断事情的真实程度,不偏听偏信,这样的君主就没有人能欺骗他。

韩非子认为,英明的领导应该让下属评论自己,这样可以听取下面的心声,体察民意,赢得人心。下属有过错,上级也应该难逃其咎。

下级依靠上级,上级就是榜样,上级对下级起督导作用。上级不应该在下级做了好事后而揽功,更不应该在下级犯了过错后推诿责任。领导者要想建立起自己的权威,就应该让下属觉得上司就是他们真正的靠山,要勇于负责,不委过于下属。勇于承担责任是一个成熟领导的个人魅力。

上下级之间存在着“无形”的层层负责的关系,下级对上级负责,上级对更高一级负责。所以,韩非子认为,各级官员,无论级别高低,都应对任命者负责。为了督促官员更好地为任命机关负责,在履行职责与追究责任上实行“连坐”是可以且是必要的。

有时候,下属犯错误并不是自身原因造成的,而是主管领导的责任。

有的是因为领导决策失误造成的，有的是下属在领导的授意下造成的，有的是下属替领导工作时造成的。不管是什么原因，领导都要敢于承担责任，而不是让下属替你背黑锅。

深圳一家香港公司的办事处只有一位主管和一位职员。在一次税务检查中，税务局发现这家办事处成立两年没有纳过税，便做出了罚款决定，数额有几万。香港老板知道这件事后，单独问那位主管："你当时怎么想的，怎么会发生这种事情？"主管说："当时我想到了税务申报，但职员说很多公司都不申报，我们也没有营业收入，就不用申报了。考虑到可以给公司省些钱，我也就没再提这事，这些事情都是由职员一手操办的。"

老板又找到那位职员，问了同样的问题。职员说："从为公司省钱的角度，再加上我们没有营业收入以及很多公司也没申报，我把这种情况同主管说了，最终申不申报还应由主管做决定，他没跟我说，我也就没报。"结果，香港老板把那位主管解聘了。本应是他承担的责任却推卸给了一名普通员工，这样的下属，每个老板都不会欣赏。

韩非子认为，领导者除了应该具备勇于负责的精神，还应做到不偏听偏信，用参验的方法来判断事情的真伪，使聪明的人无法欺骗领导，愚蠢的人不得占据官位。想了解事情的真实情况并不容易，领导者有时会受到身边人的蒙蔽，受到个人好恶的影响，只见其一，不及其余。所以，在做决策之前，领导者一定要好好调查，全面分析，听取多方面的意见，尤其是不同意见。

日本企业家和田一夫因为创办八佰伴国际流通集团而闻名于世。当年，八佰伴的生意如日中天，和田一夫把家搬到了中国香港，并将大多数业务交给弟弟打理，他本人主要通过财务报表来了解公司的经营状况。

但不幸的是,财务报表到处都是"水分"。

八佰伴多年来一直迅猛扩张,鼎盛时期在全球一共有400多家分店,但财务数据却漏洞百出。由于和田一夫本人身在香港,对财务数据没有一一证实,后来的结果大家已经知道,八佰伴破产了。

八佰伴倒闭后,和田一夫用了一年的时间反省。他说:"他们做假账整整有3年,而我放松了警惕,只喜欢听好消息,所以始终没有看出问题,一直相信公司盈利状况很好。等危机完全爆发出来的时候,我已经没有办法挽救了。"八佰伴的问题是长期积累的结果,没有掌握一个顺畅的信息来源是和田一夫本人管理上的重大失误。

所以,领导者应该建立一个能够获得第一手信息的有效渠道,不能只听身边一些人的一面之词,更不能只听好话。

6.要做到诚信,就要谨慎许诺

【原文】

魏文侯与虞人期猎。明日,会天疾风,左右止文侯,不听,曰:"不可。以风疾之故而失信,吾不为也。"遂自驱车往,犯风而罢虞人。

【大意】

魏文侯与虞人约定了打猎的时间。第二天,正好遇上刮风,左右劝魏文侯不要去了,文侯不听,说:"不行,以刮大风为借口

而失信于人,这样的事情我不干。"于是亲自驾车前往,冒着大风去通知虞人罢猎。

要做到诚信,就要谨慎许诺。有很多人因为为人爽快,经常答应别人的要求,却最终因为许诺太多实现不了,而让自己落入失信的境地,这是不可取的。

我们不应轻易许诺,但一旦许诺,就应该做到。

美国IBM公司的一位女职员,在为客户送急需的计算机配件的路上遇到了倾盆大雨,由于河水猛涨,沿途的14座桥都被淹没了,交通阻塞,汽车根本无法行驶。但她并没有等雨停之后再去送货,而是从汽车后备箱拿出了一双旱冰鞋,一路滑向目的地。花了近5个小时,这名女职员终于抵达了客户所在地,解决了对方的难题。女职员用自己的行动捍卫了公司的信誉,也为自己建立了"信用"品牌。

有一次,大哲学家康德计划去拜访住在一个名叫珀芬的小镇上的老朋友威廉·彼特斯。康德出发之前写信给彼特斯,说自己将于某日上午11点钟之前到达。

为了能准时与朋友见面,康德在约定日期的前一天就赶到了珀芬小镇,老朋友住在距离小镇12英里远的一个农场里,康德在第二天早上租了一辆马车前往彼特斯的家。从小镇前往农场的途中有一条河,细心的车夫把马车驾到河边时停了下来,他说:"真是很抱歉,先生,桥坏了,我们现在不能从桥上通过,很危险。"

康德从马车上下来,发现桥中间断裂了。当他得知附近没有过河的桥时,不由得有些焦急,这里距朋友的住处还有40分钟的路程,如果现在

回头选择其他道路，一定会迟到。

康德看到河边有一座很破旧的农舍，就跑过去客气地问主人："请问你这间房子要多少钱才肯出售？"

"就给200法郎吧！"

康德付了钱后又对农人说："如果您能马上从破屋上拆下几根长木头，并在20分钟内把桥修好，我就把房子还给您。"

听到有这样划算的事，农人和两个儿子马上动起手来，很快就把桥修好了。马车顺利地过了桥，康德最终在10点50分赶到了老朋友的家。

彼特斯高兴地在门口迎接他，并说："亲爱的朋友，你可真守时啊！"在与老朋友相会的日子里，康德对在路上遇到的麻烦只字未提。

哪怕是朋友之间，也应当信守承诺，如此才能将美好的友谊一直维持下去。

有些人可能觉得，彼此关系很好，就算做不到守信，朋友也会理解。其实不然，总是对朋友失信，朋友可能会觉得你对他不够重视。所以，越是朋友，越要信守承诺，这样才能显示出我们对于朋友的重视和关怀。

对于自己能做到的事情，一旦许下承诺，就要尽量兑现。有时候因为某些原因，我们确实无法信守诺言，这时就应该给对方一个交代，做出合理的解释，争取得到对方的原谅。

说到做到体现的是诚信。诚信是无价的，无法用金钱来衡量，其换来的东西，如友谊、信誉等，也都是无价的。中国有句古话："一言既出，驷马难追。"不管是男人还是女人，也不管是一国之君还是平民百姓，话既然说出口，就应当践行，这便是诚信。如此行事，方能增加自己德行的厚度。

只说自己能做的，是一种对自我能力的正视，是一种豁达，更是一种坦承。任何想成功的人都必须具有这种端正实际的办事态度。承诺自己办不到的事，虽然能逞一时之快，但终究会害到自己，因为这样的人会让人觉得不诚信,无法博得他人的好感和长久的支持。

拥有诚信是一个人安身立命的基本准则,是与人交往的前提。唯有谨慎许诺,诚恳地履行对他人许下的承诺,他人才会对我们将心比心,并且给予我们支持。

7.勤奋好学,获得真才实学

【原文】

齐宣王使人吹竽,必三百人。南郭处士请为王吹竽,宣王说之,廪食以数百人。宣王死,湣王立,好一一听之,处士逃。

【大意】

齐宣王让人吹竽,一定要三百人一起吹,南郭处士请求为齐宣王吹竽,宣王很高兴,用数百人的粮食来供养他。齐宣王死后,他的儿子湣王继位。湣王也喜欢听吹竽,但他喜欢让他们一个一个地吹,南郭处士只好逃走了。

韩非子借用"滥竽充数"的故事,讽刺了像南郭先生那样的不学无术之辈。

在韩非子看来,没有真才实学的人混在行家里面充数,无论伪装得多么巧妙,但假的总归是假的,总会有暴露的那一天。当事情败露之日,正是这些人最为狼狈之时。

换言之，一个人要想成功，必须有真才实学。而真才实学并不是与生俱来的，获得真才实学的唯一方法就是勤奋。

对于想成就大事的人来说，勤奋是最好的人格资产。谁能不停止勤奋的脚步，谁就能够像种子不断从大地汲取营养那样，不断地向成功的顶端靠近。

毫无疑问，懒惰者是无法成功的，因为懒惰的人总是贪图安逸，一点风险就会让他们望而却步。而且，懒惰者缺乏吃苦耐劳的精神，总妄想能遇到"天上掉馅饼"这样的好事。但对成功者而言，他们不相信"不劳而获"，只相信"勤能补拙"。

牛顿被公认为是世界一流的科学家。当有人问他到底是用什么方法创造出那些非同凡响的理论时，他诚实地回答道："总是思考着它们。"还有一次，牛顿这样陈述他的研究方法："我总是把研究的课题放在心上，并反复思考，慢慢地，起初的灵光乍现终于一点一点地变成了具体的研究方案。"

正如其他有成就的人一样，牛顿也是靠勤奋、专心致志和持之以恒才取得成功的。放下手头的这一课题而从事另一课题的研究，这就是他全部的娱乐和休息。牛顿曾说过："如果说我对社会民众有什么贡献的话，完全只因勤奋和喜爱思考。"

另一位伟大的哲学家克普勒也这样说过："正如古人所言，'学而不思则罔'，对此我深有同感。只有善于思考所学的东西，才能逐步深入。对于我所研究的课题，我总是追根究底，想理出个头绪来。"

英国物理学家及化学家道尔顿从不承认他是什么天才，他认为他所取得的一切成就都是靠勤奋点滴累积而来的。

约翰·亨特曾自我评论道："我的心灵就像一个蜂巢一样，看来是一

片混乱、杂乱无章,到处都是嗡嗡之声,实际上一切都整齐有序。这些食物都是通过劳动在大自然中精心选择的。"你可以理解这段话吗?这里的劳动指的就是他所具备的人格优势,并非才智过人,他只是比一般人更勤劳罢了。

只要翻一翻那些大人物的传记,你就会发现,大部分杰出的发明家、艺术家、思想家和著名的工匠,他们的成功都归功于勤奋和持之以恒的毅力。

英国作家狄斯雷利认为,要成就大事,必须精通所学科目;但要精通学科,只有通过长时间连续不断的苦心钻研,别无其他办法。因此,某种程度上来说,推动世界前进的人并不是那些天才人物,而是那些非常勤奋努力的人;不是那些智力卓越、才华洋溢的人,而是那些不论在哪个行业都认真坚持、不畏困难的人。

许多意志坚强、持之以恒,但智力平庸甚至稍显迟钝的人,最后都超过了那些只有天赋而没有毅力的人。正如意大利的一句俗语所说:"走得慢但坚持到底的人才是真正走得快的人。"一旦我们养成了不畏劳苦、锲而不舍、坚持到底的精神,那么,无论我们从事什么工作,都能在竞争中立于不败之地。

罗伯特·皮尔正是由于养成了勤奋的工作态度,才成了英国参议院中的杰出人物。

在他很小的时候,他父亲就让他站在桌子边练习即席背诵、即席作诗。他父亲让他尽可能多地背诵格言警句,当然,刚开始并没有多大的进展,但日子久了,皮尔也能逐字逐句地背诵出那些格言的全部内容。可以说,这一训练为他日后在议会中以无与伦比的演讲艺术驳倒论敌打下了基础。

在一些最简单的事情上,反复的磨练确实会产生惊人的效果。拉小

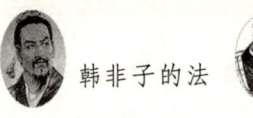 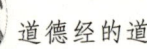

提琴看起来十分简单,但要达到炉火纯青的地步,绝对需要多次辛苦的练习。有一名年轻人曾问小提琴大师卡笛尼学拉小提琴要多长时间,卡笛尼回答道:"每天12个小时,连续坚持12年。"

任何一点进步都是得之不易的,任何伟大的成功都不是唾手可得的。与普通人相比,那些成功者的优势只是他们的勤奋刻苦而已。

8.控制嫉妒心

【原文】

子圉见孔子于商太宰。孔子出。子圉入,请问客。太宰曰:"吾已见孔子,则视子犹蚤虱之细者也。吾今见之于君。"子圉恐孔子贵于君也,因谓太宰曰:"君已见孔子,亦将视子犹蚤虱也。"太宰因弗复见也。

【大意】

子圉将孔子引见给宋国太宰。孔子走后,子圉问太宰对孔子的看法。

太宰说:"我已见过孔子,再看你就像跳蚤、虱子一样渺小了。我现在要带他去见国君。"

子圉害怕孔子受到君王的宠爱,就对太宰说:"国君见过孔子之后,也会把你看作像跳蚤和虱子一样。"

最终,太宰没有带孔子去见宋国的国君。

在韩非子看来,子圉与太宰都是嫉妒心重的人。子圉引见孔子,却因嫉妒而说孔子的坏话;太宰本打算带孔子去见国君,却因嫉妒而改变了主意。

何谓嫉妒?心理学家认为,嫉妒是由于自己的才能、名誉、地位或境遇被他人超越,或彼此距离缩短时,所产生的一种由羞愧、愤怒、怨恨等组成的情绪体验,是心胸狭窄的共同心理。黑格尔说:"嫉妒乃平庸的情调对于卓越才能的反感。"

嫉妒之心会扭曲人的心灵,改变人的心态。嫉妒严重时,人会费尽心思地算计别人,千方百计地挤兑别人,用尽心机地迫害别人。嫉妒之心会让人变得不择手段、卑鄙无耻,令人失去本该有的善良本质,变得像魔鬼一样可怕。

嫉妒情绪往往发生在一个具有可比性的很小的范围内,遵循越相近越嫉妒的规律,如一个办公室的同事之间、同学之间、同乡之间或者是最要好的朋友之间,有时甚至是兄弟姐妹。

培根在《论嫉妒》中提到,该隐由于嫉妒杀死了他的亲兄弟亚伯。该隐是夏娃与亚当的长子,他因上帝看中了亚伯的供品而生出嫉妒之心,最终杀了自己的亲兄弟。

类似的案例并不少见——

春秋战国时,庞涓与孙膑一同学习兵法。庞涓嫉妒孙膑的军事才能,用计将他关入牢狱,并砍去了他的双腿,最后被孙膑设计射死,为天下人耻笑。三国时期,周瑜与诸葛亮同为军事奇才,但周瑜心胸狭窄,容不得人,在"赔了夫人又折兵"后,哀叹"既生瑜何生亮",吐血而亡。从历史人物的前车之鉴中,我们应该明白嫉妒心过分滋长的危害。

有一名到美国留学，毕业后留在美国工作的人，在经历艰辛困苦之后，终于凭借自己的坚韧取得了不小的成就，在周围的朋友圈子中也算小有名气。但突然有一天，美国警察光顾了他的公司，并将他带走协助调查，因为有人举报他参与违法活动。虽然最终调查结果显示举报不实，他也很快被放了出来，但刚刚走入正轨的小公司却经不起折腾，很快就垮了。他想不明白自己为什么会遭此横祸，便用心调查了一下，原来是和他一块到美国，还经常一块坐坐的最好的哥们举报的他。他问那人为什么，那人说得很干脆："我们是一起出来的，如今你却比我发达，我怎么有脸去见别的朋友呢？必须把你拉下来。"面对这样的阴暗心理，他感到无比郁闷。

人们往往不能容忍周围的人超越自己半步，看得见、摸得着的"成功"最能刺激人的神经，所以嫉妒最容易发生在自己熟悉的圈子里。普通老百姓一般不会嫉妒美国前总统布什，不会嫉妒世界首富比尔·盖茨，却不能容忍周围的人超越自己半步。

彼此越了解，嫉妒越强烈，这就是有的人允许陌生人发迹却不能理解身边人进步的心理原因。在一个单位，如果谁立功受奖或职务提升，立马就可能遭到周围一些人的嫉妒，因为他的某种优越表现恰恰会映照出另一些人的某些不足。

在单位里，云和芳关系非常好，有时甚至梳同样的发型、化同样的妆，好得跟一个人似的。谁要是说了云一句什么她不爱听的话，芳准得跟那人没完；芳要是想拿谁开个玩笑，在一边敲边鼓帮忙圆场的肯定是云。

前些日子，单位准备竞岗，云和芳两人的岗位要合并成一个岗。尽管表面上看，两人还是很要好，可实际上两人都偷偷较起了劲。比如云在电话里给芳说办公室里的事，芳便赶紧说："先这样吧，回头再说。"然后匆

匆挂线；在别的办公室闲聊时，不知是谁说云干活特麻利，不料芳却说："麻利是麻利，可保不准会出错，太快了肯定就不细了。"

两个月后，竞岗的结果公布了：云上岗，芳转岗。自此之后，大家再也没见过两人坐在一张桌子上吃饭。即便迎面碰上，两人也总是一个脑袋扭向左、一个脑袋扭向右，并不约而同地加快脚步，神情漠然地匆忙而过，仿佛在躲避瘟神一般。时不时的，会有人告诉云，芳在她背后说她的是非；芳也常会听到别人传达云对她的诋毁……

心理学家告诉我们，嫉妒产生于相近的业界和区域，冲突往往源自利益的纠缠。每个人的利益均有其半径，当利益相交进而发生争夺时，便会产生嫉妒，不光是个人，集体、国家、社会亦如此。嫉妒还与竞争强度、个人竞争欲成正比。在一个毫无竞争的地方，当然不会有利益冲突，也就无所谓嫉妒了。

其实，与其嫉妒别人，不如好好反省一下自己。别人能取得成功，是因为他付出了努力和汗水，问问自己，你是否也同样努力过。"眼红"的时候，试着改变一下思路，将嫉妒心转换成对他人的美好祝愿，理解他们成功背后的运气和努力，真心祝福他们，并用他们的成功激励自己。

一位哲人说过："谁要是不承认有自己力所不逮者，有比自己更完美更强者，有比自己更漂亮者，谁就会永远在欲望的深渊里痛苦挣扎。"因此，要想消除嫉妒心理，就必须学会正确的比较方法，辩证地看待自己和别人。"尺有所短，寸有所长"，只要能看到别人的长处，虚心学习，同时相信自己，扬长避短，我们就不会去嫉妒别人，并把主要精力放在自我奋斗上。

嫉妒害人，生气不如争气，努力提高自己才是唯一的出路。每个人的能力可能会表现在不同方面，我们要相信自己，找到自己的特长，明确人生目标，这样才能不断超越自己，战胜自己。

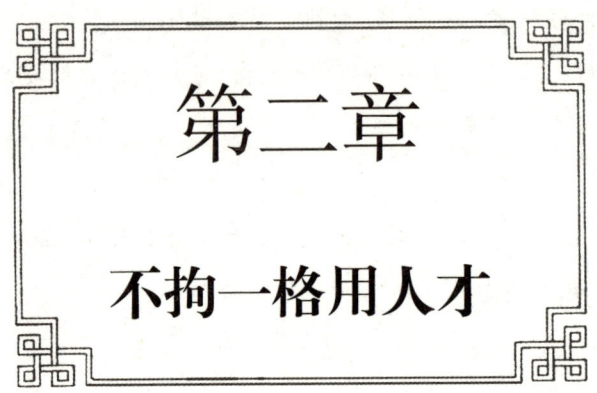

第二章

不拘一格用人才

1.因势利导,利用人才的长处

【原文】

夫物者有所宜,材者有所施,各处其宜,故上下无为。

【大意】

万物各有适合的用处,才能有施展的地方,各处在自己的位置上,领导者就可以无为了。

韩非子认为,真正的人才不会是百依百顺的奴才,很多时候,他们是偏才、怪才,有着强烈的自我意识和创造力。这时,如果领导者能够合理

地引导他们,给他们施展自己才华的机会,那是再好不过的事了。

每个人都有其出色的一面,也有其所不能的一面。对于管理者而言,首先要做到知人善任,要善于发现人才的长处,并因势利导,加以利用,而不能求全责备,只有这样,才能营造起人才济济的局面。

在朱元璋的帐下,有一位勇猛的将军叫常遇春,这是个优点和缺点都非常突出的人。他的优点在于作战勇敢、身先士卒,颇具三国张飞之风;缺点是暴烈浮燥、勇而寡谋。

对于这员心腹大将的优点和缺点,朱元璋比任何人都清楚。不过,他并没有因为常遇春缺点明显就对他失去信任,相反,朱元璋不仅对他委以重任,而且对他格外关照,多次援引古代大将的经验教训对常遇春予以规劝戒饬。元至正二十年(1360年)三月,朱元璋派常遇春从金华北进攻打杭州。临行之前,朱元璋再三告诫常遇春:"克敌在勇,全胜在谋。昔关羽号万人敌,为吕蒙所破者,为无谋也,尔宜深戒之。"常遇春谨遵朱元璋的教导,其刚烈暴戾的脾气在出征的过程中有所收敛。

事实上,世界上那些成功的创业者,无一不是善待人才、善于用人之长的典型。

世界著名的摩托车之父本田宗一郎就是一位善于用人之长的人。本田宗一郎本人是一位卓越的技术专家,他依靠自己的技术优势开始了他的创业生涯。在创业过程中,本田宗一郎胆识过人,能够敏锐地捕捉到发展的机遇。因此,公司在创业项目的选择上没有出现丝毫问题;并且很快打开了市场。

但是,本田宗一郎也有自己的弱点,他虽然在技术问题上无懈可击,但在管理方面却几乎是一个门外汉,他只能凭经验和个人好恶来处理管

 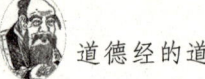

理中出现的一些问题,这样的做法显然不利于公司的发展。值得庆幸的是,在本田宗一郎的创业过程中,有藤泽武夫在他身旁为他排忧解难。虽然藤泽武夫也是一个缺点非常明显的人——在技术上几乎是一窍不通。不过,本田宗一郎并不在意他的这一缺陷,因为他更看重对方在管理方面的特长。藤泽武夫性格温和、平易近人,并且应变能力出色,能够很有创造性地处理一些突发事件。更为难能可贵的是,藤泽武夫对待工作总是全力以赴,从来不会吝惜自己的精力和智慧。

就这样,本田宗一郎和藤泽武夫组成了一对创业的黄金搭档,两人各自发挥自己的特长,使他们的事业取得了空前的成功。

英国的蒙哥马利元帅曾经这样总结用人之道:“军官分成四类:聪明的、愚蠢的、勤快的、懒惰的。假定每个军官至少具备上述两种品质,那么聪明而又勤快的人,适宜担任高级参谋;愚蠢而又勤快的人,可以用命令支配他的工作;聪明而又懒惰的人,适合担任最高指挥;至于愚蠢而又懒惰的人,那就危险了,应立即予以开除。”

当然,愚蠢而懒惰的人是非常多见的,而各方面都非常出色的人则几乎不存在,所以,创业者必须知人善任,善于用人之长。否则,我们将不得不永远在一个怪圈里打转:一方面,创业者求贤若渴;另一方面,大量的人才却怀才不遇。

2.不避亲仇,一视同仁

【原文】

圣者明君,内举不避亲,外举不避仇。

【大意】

贤明的人,举荐身边人的时候不避开自己的亲人,推举外人的时候不去避开仇人。

作为领导者,在用人时应该遵循"内举不避亲,外举不避仇"的原则。

这里所说的"亲",是指亲属、亲戚、朋友、同乡,泛指和自己关系密切的人或拥护、支持自己的人。

身为现代企业的管理者,在举贤的时候首先不必避亲。只要是有才能的人,就要大胆任用,用人的标准在于是否称职,而不是以私亲为原则,不能因为某个人是至亲就抹杀了一个人才。

很多人认为,刘邦的成功和妻子吕雉的帮助是分不开的,这种说法是有一定道理的。

在刘邦还没有开始自己的事业时,吕雉一直是一个贤妻良母,为刘邦照顾儿女家庭,好让刘邦在外安心公务、结交朋友。而刘邦开始打江山的时候,吕雉和刘公一起被项羽抓了起来,直到刘邦打败项羽才被救出来。这中间,吕雉受了多少苦、多少委屈?而刘邦成就帝业之后,吕雉又开

始为刘邦出谋划策,为他治理国家想出了很多办法。

刘邦起家之时,所带的人大都是一些跟他交往至深的朋友,其中,樊哙还是刘邦老婆吕雉的妹夫。因为和刘邦的这种特殊关系,樊哙每每身先士卒,为刘邦立下了大功。

早年的樊哙只是一个卖狗肉的,自刘邦起事,他就跟在刘邦身边,每次战斗他都表现得十分英勇,往往能一人杀敌十几人,所以屡获升迁。刘邦入关后,樊哙劝刘邦不要留在咸阳,勿贪秦宫的奢丽享受。可见,樊哙在刘邦的事业中起的作用是很大的。

"外举不避仇"中的"仇",是指对自己有意见的人,或反对过自己但被实践证明错了的人。

中国历史上任人不避仇的例子有很多,齐桓公对管仲的任用便是一例。

春秋战国时代,齐桓公想用鲍叔牙为相,鲍叔牙却对他说:"我不如管仲,你如果想成就霸业,就请把管仲救出来,任他为相。"当时,管仲被囚禁在鲁国。齐桓公说:"管仲曾想杀害我,我恨不得杀了他,怎么能用他?"鲍叔牙说:"管仲是为自己的君主射杀人,你如果任他为臣,他也会为你射杀别人。"齐桓公不答应,鲍叔牙也坚决不肯接受宰相的职务。最后,齐桓公还是从大局出发,听从了鲍叔牙的建议,把管仲救了出来,并任他为相国。结果,齐国大治,成为了春秋霸主。

任人不避仇成就了齐桓公的霸业,可见人才的确是"兴邦治国"的基石。但我们需要注意的是,"内举不避亲,外举不避仇。"并不是要我们刻意去使用自己的亲人或者仇人,我们使用的人首先必须是个人才,必须能够带领大家开创出一番事业,这样才不会违背这句话的初衷。

外不避仇、内不避亲,其实也就是经常说的"任人唯贤"。

　　万向集团董事局主席鲁冠球是中国乡镇企业的领袖式人物，也是1987年中国十大农民企业家中迄今为止唯一"存活"下来的企业家。他为什么能"存活"下来？为什么能成为中国民营企业的常青树？经过多年的观察和思考，人们从鲁冠球的论断中得出了答案——"我最感欣慰的管理艺术就是运营好人力资源"。鲁冠球的用人原则是任人不唯亲，举贤不避亲，实干最重要。

　　媒体十分关注万向，时常有人去采访，记者经常问的一个问题是："您的子女现在都在万向工作吗？"

　　鲁冠球回答："是的，不仅都在万向，而且都干得不错！"

　　又有人问："现在谈到家族式管理，都会将万向作为一个例子，您的儿子当总裁，3个女婿当分公司经理，一个还掌管美国公司，这样做，是否会引起不好的说法和后果？"

　　鲁冠球回答："用人的原则，一是才能，二是信得过。同等条件下，信得过更为重要。当然，信得过，没有才能是败家子也不行。"

　　对于万向集团现任总裁鲁伟鼎，鲁冠球是这样评价的："从1992年开始做副总裁，1994年开始做总裁，这些年来，企业一直在不断发展，证明这个人选对了。企业经营好坏，一个人有没有能力，半年就可以看出来，因为各种经营数据、指标都摆在那里。"

　　领导者既要"任人不唯亲"，又要"举贤不避亲"。用人就是用贤，只有看实际效果，才是真理。

3.领导者的器量决定成就

【原文】

大人寄形于天地而万物备,历心于山海而国家富。

【大意】

领导者的气度要像天地一样辽阔,万物才能齐备;其涵养要像山海一样宏大,国家才能富强。

要想成就一番事业, 就必须具有海纳百川的气度和超人的气量。宽容是一种人生智慧,更是建立人与人之间良好关系的法宝,一个拥有宽容美德的人,能够对那些在意见、习惯和信仰方面与你不同的人表示友好和接受。宽容不仅对你的个人生活具有很大的价值,对你的事业也有重要的推动意义。一个人经历一次宽容,就可能打开一扇通向成功的大门,借助宽容的力量,你才能实现自己的伟大梦想,成就自己的事业。

曾国藩与左宗棠的关系经历了几次波折,从中体现出了曾国藩"待人以诚以恕"的精神。

曾国藩与左宗棠两个人的性格反差很大, 因此经常意见不一致,很容易产生分歧。尽管如此,但曾国藩从来没有因此对左宗棠不满,甚至记恨他。相反,他认为左宗棠是个不可多得的人才,"深明将略,度越时贤",

因此不遗余力地向朝廷举荐左宗棠。正是他的保举,使左宗棠能够一展抱负。曾国藩对左宗棠始终有赞扬,无贬词,甚至说:"横览七十二州,更无才出其右者。"

曾国藩对李鸿章的态度也表现出了他大度待人的精神。曾国藩曾因为李元度有倾向王有龄分裂湘系的企图而弹劾他,结果遭到了很多人的指责,说曾国藩忘恩负义。李鸿章"乃率一幕人往争",声称"果必奏劾,门生不敢拟稿"。曾国藩说:"我自属稿。"李鸿章表示:"若此,则门生亦将告辞,不能留待矣。"曾国藩闻此,非常气愤地对他说:"听君之便。"李鸿章便负气离开了祁门。后来,几经辗转波折,他又想回到曾国藩的门下。曾国藩不计前嫌,大度能容,并且写信恳请李鸿章回营相助。

曾国藩虚怀若谷、雅量大度,深深影响了他身边的人。同时,曾国藩也因为他的宽容大度获得了他人的支持和真诚相助,少树了一些敌人。

宽容就是有这样的魔力。很多名人用他们的成功告诉我们:爱和宽容,是成功的最高境界。在中国的历史上,这种以忍耐消解冲突,以德报怨的事例不胜枚举。

蔺相如以超人的勇气和智慧,让赵国的镇国之宝和氏璧完整地回到了赵国,后来,在秦赵两国的渑池之会上,当赵王陷入尴尬之境时,他又凭借自己的睿智和胆略,帮助赵王摆脱了受辱的困境,维护了国家的尊严。凭借显赫的功劳,蔺相如顺理成章地得到了赵王的重用和封赏。可是,生性刚直粗犷的廉颇却偏偏对蔺相如很不服气,扬言一定要找个机会羞辱居自己之上的蔺相如。而蔺相如听说后,不但没有嫉恨和报复,反而为了避免发生不愉快,宁愿一直躲着廉颇,即使是两人的马车在路上不巧相逢,蔺相如也会让车夫退避以礼让廉颇。

蔺相如的宽厚和仁义最终感动了廉颇,使廉颇意识到了自己的小肚

鸡肠和无理取闹。后来，惭愧难当的廉颇亲自到蔺相如府上负荆请罪，请求蔺相如的原谅和惩罚，原来不睦的文武二臣终于消除了仇隙和误解，从此结为生死之交，在战国后期风雨飘摇的形势下，共同支撑和维护着赵国的江山社稷。

曾国藩说："概天下无无瑕之才、无无隙之交，大过改之，微瑕涵之，则可。"意思是说，大抵天下没有完美无缺的人才，也没有完全无缝隙的交情。只要能将大的缺点改正，小的缺点包涵，也就可以了。

随着经济社会的快速发展，人们的生活节奏在不断加快，工作压力也在不断加大。如果人人都能多一点诚恳，多一份宽容，社会就会多一份理解，多一份真善，生活中的酸甜苦辣也将化作五彩乐章。茫茫人海中，朝夕相处的亲人、邻里、同事、朋友，相逢总是缘，彼此间偶尔发生一些争执和矛盾在所难免。如果寸土必争、锱铢必较，总是你给我"当头炮"，我给你"马儿跳"，势必两败俱伤。遇到非原则性的矛盾，只要能宽容一些，"退一步海阔天空"，再大的问题也会得到解决。在别人失意、失落、失败时，多一份宽恕，少一点苛求，就能帮助别人，云开日出；当自己得意、得志时，也要多一份宽容，少一些盛气。

4.树立威信，必要时杀一儆百

【原文】

赏贤罚暴，举善之至者也；赏暴罚贤，举恶之至者也。

【大意】

奖赏贤人,惩罚暴行,是鼓励人做好事的最好办法;奖励暴行,惩罚贤人,是鼓励人做坏事的最好办法。

韩非子主张法治,认为只有在有权威的情况下,社会才能保持安定的秩序,因为秩序是半自觉、半畏服的产物。权威就是一种力量,社会需要权威的支持。

诚然,韩非子的"权威说"有着偏颇之处,但是任何一种社会、一种组织都必须有权威和服从。

教诲是条漫长的路,杀一儆百是树立权威的捷径。因为,榜样的力量是无穷的,好的榜样是最好的宣传,严惩一个坏榜样的教化作用要远远胜过百本教诲的书。

姜太公杀狂才狂矞,以儆天下狂士;晋文公杀宠臣颠颉,以明军纪;韩信借故杀殷盖,以立己威;诸葛亮挥泪斩马稷,以整军威……自古,当权者树立权威行之有效的方法就是严惩作恶者。

就连一向倡导"仁政"的孔子在鲁国执政时也曾毫不留情地诛杀了少正卯。孔子杀少正卯的理由十分明确,他认为人有五种恶行:一是通达古今之变却铤而走险;二是不走正道走邪道;三是把荒谬的道理说得头头是道以蛊惑人心;四是知晓许多丑恶的事情;五是依附邪恶并受到重用。这五种恶行哪怕沾染上一种,君子就可以诛杀他。而少正卯五种罪行兼而有之,是小人中的雄杰,所以不能不杀他。为了树立统治者的权威,对于有恶行的小人必须严加惩处,杀一儆百,以整社会风气。

杀一儆百的"一",必须是要能引起人们震恐的角色,如果所杀之人

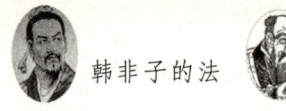
只是一般的角色，恐怕无法让人们心里产生畏惧。所以，一定要选出一个起震慑作用的"靶子"。孙武斩姬立威就是一个典型的例子。

春秋时期，孙武的兵法传到吴国后，吴王阖闾大加赞赏，马上邀请孙武到吴国来帮助自己富国强兵。孙武说："我的兵法不仅可以练好男兵，还可以练好女兵。"吴王不信，就从自己的后宫选出了一百多名宫女让他演练。孙武把宫女们分成两队，让吴王最宠爱的两个妃子当队长，然后说明演练的方法和纪律，并设立了刑具。一切交代妥当，孙武便击鼓号令，可是美女们却在一旁大笑，根本不遵守纪律。于是孙武再次示范了操练要领并重申了纪律。当孙武再次击鼓操练时，那两个得宠的妃子还是恃宠骄纵，根本不听他的命令。

此时，孙武果断下令："将两个妃子处死！"众人顿时大惊失色，吴王求情说："只是排练一下，饶过她们吧！"孙武回答说："将在外，君命有所不受。"坚决下令斩了两个队长，又重新选了两个队长。这回，宫女们看连吴王最宠爱的两个妃子都已被斩，再也不敢轻视，大家都认真地操练。

吴王虽因爱妃被斩而不悦，却非常佩服孙武的军事才华，因此对其大加重用。

有时，如果面临的对象地位比较特殊，正面责罚可能会引起麻烦，这时就要从侧面入手，即"敲山震虎"，批评他身边的人，也可以达到预期的效果。

唐太宗晚年，高阳公主同僧人辩机通奸。高阳公主赠辩机金宝神枕，辩机不知珍藏，结果被盗贼偷走，后盗贼被捉，经审问说是从辩机处偷来，又审问辩机，得知是高阳公主所赠。御史纠劾此事，太宗自觉惭愧，于是不问案情，处死了辩机，并将公主身边的奴仆处死数十人，以此来警告

高阳公主。

我们常说"新官上任三把火",尤其是新任职的领导,都希望能踢好"头三脚",以便让自己的工作能尽快打开局面。所以,这时一定要想办法树立自己的威信。作为领导者,最有效的管理下属的方法就是寓严于宽。领导者要以宽厚待人,对属下要一视同仁,不能分薄厚,亦不能分远近,要用对待自己亲人的那种仁爱之心,使下属感到家的温暖,使他心甘情愿地为自己效力。但是,宽厚之外,领导者也要有威严,以威严建信誉。大凡统帅、领导,在工作中都要有猛虎下山和蛟龙出海之势。

智者的武器是敏捷和机警,而愚者的不足是迟缓和多虑。"智者贵于乘时",在批评对方时,不仅要找好批评对象,还要抓住有利的批评时机。批评不一定要大张旗鼓,有时要善于"借题发挥"。

雍正二年的一次朝会上,雍正升殿,刑部官员李建勋、罗樟在群臣还没落座时,不行礼就坐下了。雍正皇帝顿时下令将李、罗二人交刑部问罪,并告诫百官说:"朕见这几年上朝的礼节执行得很松弛,父皇不是不知道,只是对大家很宽容,监察官员也是睁一只眼、闭一只眼,不认真去管。朕即位以来,看到这些现象很多,这不是一个好苗头,必须狠抓。今后,如果再有类似失礼的事情发生,朕就杀了他们两个,到时候别说朕要杀人,而是你们杀了他们两个。"

怠小事者,失大事;轻小事者,无成大事之能耐。对下属过宽容易使人养成松弛、浮躁的惰性。所以,要从不起眼的小事入手,唤起属下的纪律意识、责任意识,以增强组织的凝聚力。

5.以身作则,树立坚定的纪律意识

【原文】

劳苦不抚循,忧悲不哀怜;喜则誉小人,贤不肖俱赏;怒则毁君子,使伯夷与盗跖俱辱。故臣有叛主。

【大意】

君主对人的劳苦不加抚慰,对人的忧伤不加同情;高兴了连奸邪小人一起称赞,使贤能与不肖的人都得到赏赐;愤怒时连君子也进行诋毁,使伯夷和盗跖那样的人一起受到侮辱。如此,臣子中就会出现背叛君主的人。

著名的苏联教育家马卡连柯曾说过:"遵守纪律风气的培养,只有领导者本身在这方面以身作则才能收到成效。"作为一名领导,在规则和纪律面前,要身先士卒、以身作则。只有自己做好了榜样,才有资格去批评和引导那些没有遵守纪律的人。

俗话说:"正人先正己。"要求别人做到的,领导自己必须先做到;要求别人不做的,领导自己必须坚持不做。只有这样,才能给下属们积极的影响,使他们不敢轻易触碰纪律和规则的底线。

曹操就是这么做的,他治军严厉,多次下达和颁布各种命令,要求严明军纪。因为他非常清楚,一支队伍如果没有纪律,就无法战胜敌人。在树立纪律意识方面,曹操能做到以身作则,实为不易。

有一次，曹操在行军的时候下达了一个命令：不得践踏农田，要保护农民辛苦种下的麦子。如果谁的马践踏了麦田，就要处以死刑。所以，经过麦田时，曹操的骑兵全部下马步行，一只手牵着马，一只手拿着武器，用兵器把麦子护住，小心翼翼地行走。曹操坐在马车上前行，结果马儿受惊，突然向麦田奔去，践踏了麦田。

当马儿停下来后，曹操立刻下马，把军法官叫来说："我的行为该当何罪啊？"军法官说："按照丞相的规定，应该是杀头罪。"曹操说："好吧，请你行刑吧。"

军法官怎么可能行刑呢？他喊道："那怎么可以呢？古代的传统是：刑不上大夫，礼不下庶人，法不施于尊者。丞相作为一军统帅，怎么能杀头呢？"这时，曹操的谋士荀彧说："主公，我们这次出战，怎么少得了主公您呢？"

曹操说："既然如此，那我就先把头寄在这里，让我戴罪立功，不过我必须受罚，那就割发代首吧！"说完，曹操便叫人拿来宝剑，割了一把头发，表示自己受过罚。之后，曹操传令，将他割发代首的事情传至三军，让大家引以为戒。

在《曹瞒传》中，作者说曹操此举是在做秀，骗取人心。其实不然，割发又叫髡刑，髡刑就是把头发剃掉。古人认为，身体发肤受之父母，是不可以放弃的。因此，在古代，髡刑是带有侮辱意味的刑罚。从这一点来看，曹操是受了刑的，体现了他以身作则、执法严明的精神。

在一个团队内，职位越高，影响力就越大。因此，如果老板犯错而不按照规定受罚，就会产生很坏的影响。而曹操的做法无疑给下属树立了一个正面的榜样。

在联想集团，董事长柳传志有许多传奇故事，其中有一则就是关于他严于律己、迟到罚站的。

联想集团每周都会举行办公室例会，有一段时间，一些领导由于各种原因经常迟到，使会议没法正常召开，浪费了很多宝贵的时间。

柳传志发现这个问题后，补充了一条会议纪律：凡迟到者，都要在门口罚站5分钟，以示警告。纪律颁布后，迟到现象得到了很好的纠正。

可是，有一次柳传志因为特殊情况迟到了，他走进会场后，大家都在等着看他怎样解释和面对。柳传志首先诚挚地向大家道歉并解释迟到的原因，然后他很自觉地站在大门口罚站了5分钟。这件事很快就传开了，整个联想集团的员工都为柳传志的5分钟罚站而喝彩，其效果也是不言而喻的。

柳传志的做法与当年曹操割发代首有异曲同工之妙，他们都是在用实际行动为大家做表率。面对自己犯的错，他们没有找借口搪塞，更没有只字不提逃避过去，而是勇敢地承认错误，然后按照定下来的纪律来惩罚自己。

公司的各种规定大都是由老板与高级管理者共同制订的，如果这些规定只是给普通员工制订的，那就是在告诉员工：领导和员工是不一样的，在同样的错误面前，受到的"待遇"是截然不同的。这等于是把领导分为一派，把普通员工分为一派，这样会导致领导失去威信，不利于整个团队凝聚力的形成。如果你不希望公司出现这些不良后果，就要学会以身作则，为普通员工树立一个好的榜样。

在有着和谐氛围的公司里，领导从来不认为自己高人一等，他们和普通员工是平等的，当领导犯错了，员工敢于指出领导的错误。美国IBM公司董事长沃森身上就发生过类似的事情。

有一次，沃森陪同一个国家的王储参观工厂，走到门口时，被两名警卫拦住了。"对不起，先生，您不能进去，进入IBM的厂区需要佩戴蓝色的胸牌，进入行政大楼的工作人员佩戴的是粉红色的胸牌。您佩戴的是粉红色的胸牌，因此不能进入厂区。"

沃森的助理彼特对警卫叫道："这是IBM的董事长沃森，你们难道不认识吗？现在我们要陪重要的客人进去参观，请你让开。"警卫说："我们当然知道这是沃森董事长，但公司规定必须佩戴蓝色的胸牌，所以，我们必须按照规定办事。"

这件事给了沃森很大的感触，他认识到自己作为领导，没有做好表率。因此，他非但没有责怪警卫，还表扬了他们，然后安排助理赶快更换了胸牌。

看看这些大公司的领导，他们对待公司的规定从来都是一视同仁地遵守。虽然他们也违反过公司规定，但他们能及时认识到错误，并且会按照规定处罚自己，这种认错和守纪的意识，是值得我们学习的。

对于一个企业而言，如果没有制度和纪律，就必然会造成整个企业执行力的缺失，以及部门的内耗、操作系统的紊乱。所以，在一个企业里，敬业、服从、协作等精神永远都比任何东西重要。当然，这些品质不可能与生俱来，所以，对员工进行培训和灌输纪律意识尤为重要。就像军队不断要求每个人的着装和仪表一样，最后是要让所有人都明白："纪律只有一种，这就是完善的纪律。"

当然，从学习规则、遵守纪律、树立纪律意识、刻意使自己的行为服从于纪律，到自觉把纪律变成自己的习惯，需要一个较长的过程，需要克服自身许多不完善之处。但只有把纪律变成习惯，我们才能具备持久的战斗力。

纪律是世界上最重要的事情，没有纪律，就没有品格；没有品格，就没

有进步。现在,大家都在谈企业文化,可以这样说,纪律就是企业文化的核心内容。没有纪律的企业文化不可能指导企业的各项实践有序进行。

对组织而言,纪律就是有形的规章制度和无形的企业文化,属于约束行为的范畴。但是对管理者则有着更深一层的意义,纪律是管理者个人本身的管理品格。组织的运作需要有明确的规章制度作为行事规范,但是要让规章制度发挥效用,就需要管理者有以身作则、落实纪律的精神,没有纪律的管理者是无法有效地领导团队的。

在组织中,恪守纪律是管理者赖以执行职务的要素,它代表着管理者对工作的态度、对角色职务的尊重以及对组织的承诺。管理工作本身是个极为复杂的过程,面对不同且快速变化的人与事,若是不能维持纪律的精神,就容易迷失方向,影响团队目标的实现。许多管理者之所以会身陷经营困境,其主要原因就是个人及团队失去了纪律的精神,处理事务无法持之以恒。

卡莉·菲奥丽娜女士在接任美国惠普科技公司总裁职务时,特别强调:"新一代的领导方式不再是掌握信息,信息只是一种每个人都可以享用的工具。因此,惠普倡导一种新的领导方式,就是制定一个框架让员工去自由发挥。当员工愿意主动承担企业所面对的问题时,就能引发他内心的热情与动力,激发出创新与思考,使得企业与员工都受益。但不可以逾越企业整体发展的全局框架,这种框架既代表着员工个人的发展空间,也代表着企业组织的纪律要求。"

纪律是组织促使创新变革发挥效益的关键。组织要保持成长的原动力,就必须持续进行创新与改革;要想在企业经营中持续改革,纪律就是不可或缺的要素之一。在改革中必然会遭遇到许多困难,这时需要的绝不只是能力。想要能随变化而快速地采取行动,依靠的是个人及团队的纪律。唯有纪律不会失去方向,能够有效地成功应变。

对管理者而言,纪律除了有约束他人的部分外,更重要的还是自律。

纪律从某种意义上讲就是实践自己的价值观,它是个人智慧、技能与修养的具体表现。纪律的目的不是限制他人,而是自我的要求,纪律的表现不只影响自己的角色定位,也牵动着与团队成员的关系。同时,纪律的扩散性及影响力能由管理者个人扩散到团队全部,达到上行下效的效果。

纪律不仅可以避免犯错,也是成功的基础,优秀的管理者绝对不要轻视纪律的能量。只要团队的每个成员都永远铭记着团队的律条,这个团队就必定能够拥有美好的未来。

6.恩威并施,赏罚分明

【原文】

明赏罚,则伯夷、盗跖不乱,如此,则白黑分矣。

【大意】

赏罚分明,就能使伯夷之类的高尚者与盗跖之类的低贱者不相混淆,这样就善恶分明了。

赏与罚,是韩非子所谓的"二柄"。韩非子认为,贤明的君王应该懂得合理地运用赏罚。赏罚的原则是赏善罚恶,赏是为了表彰功绩,罚是为了禁绝奸邪。

在韩非子看来,赏罚是领导者的指挥棒,但是,赏罚必须分明。

澳大利亚有一家名叫索非利波的化妆品商店,它的营业员对待顾客的态度十分傲慢和粗暴,以致不少顾客不愿再到这家商店购买化妆品。

商店老板非常恼火,于是在商店门口贴出一张通告:凡是到本店购买商品的顾客,在看货、购货、退货时,如若遇到营业员有失礼之处,只要顾客向老板提出,商店将发给顾客一笔"怠慢顾客奖",奖品有现金和化妆品两种,顾客可任选一种。

这位老板还规定,凡是营业员在一周内有两次被顾客提意见,那么发给顾客的"怠慢顾客奖"就要从这位营业员的薪水里扣除。如一周内有三次被顾客提意见,店里将予以辞退。

通告贴出后,营业员对待顾客的态度来了个一百八十度的转变,都变得热情而彬彬有礼,到这个商店购物的顾客也随之大增。

日本松下电器创始人松下幸之助认为,企业领导者对待下属应该像慈母的手紧握钟馗的利剑一样,平日里给予无微不至的关怀,犯错误时给予严厉的批评或惩罚,恩威并施,宽严相济。

随身听是索尼公司最重要的电子产品之一。一次,一家分厂的产品出了问题,总公司不断收到客户的投诉。后来经过调查发现,原来是随身听的包装上出了点问题,但并不影响随身听的使用,分厂立即更换了包装,解决了客户投诉的问题。可公司总裁盛田昭夫却并没有就此罢手。

分厂厂长被叫到总公司的董事会议上,要求对这一错误作陈诉报告。在会上,盛田昭夫对他进行了严厉的批评,并要求公司上下引以为戒。这位厂长已经在索尼公司干了几十年,这是他第一次在大庭广众之下受到如此严厉的批评,所以他感到异常难堪和尴尬,禁不住失声痛哭起来。

会议结束后,他精神恍惚、有气无力地走出会议室,开始考虑要不要提前退休。这时,盛田昭夫的秘书突然把他叫住,热情地邀请他一块儿出去喝酒。在酒吧里,这位厂长不解地问:"我现在是被总公司抛弃的人,你怎么还这样看得起我呢?"盛田昭夫的秘书回答说:"董事长一点也没有忘记你为公司做的贡献,今天的事情也是出于无奈。会议结束后,他担心你为这事伤心,特地派我来请你喝酒。"

接着,秘书又说了一些安慰和鼓励的话,使这位厂长受伤的心得到了抚慰。喝完酒后,秘书又把他送回了家。刚一进家门,妻子就迎上来对他说:"你真是一个备受总公司重视的人!"

这位厂长听了感觉很奇怪,难道妻子也来挖苦自己?这时,妻子拿出一束鲜花和一封贺卡说:"今天是我们结婚20周年的日子,你都忘记了!"

这位厂长更加疑惑不解了:"可是这跟我们总公司又有什么关系?"原来,索尼公司的人事部门对每位员工的生日、结婚纪念日等重要节日都有记录,每逢这样的日子,公司都会为员工准备一些鲜花、礼品。只不过今年有些特别,这束鲜花是盛田昭夫特意为这位厂长订购的,并附上了他亲手写的一张贺卡,以勉励这位厂长继续努力。

盛田昭夫不愧为一个恩威并重的高手。为了总公司的利益,他对下属的错误不能有丝毫的宽待,但考虑到这位厂长是位老员工,而且为索尼公司做出过突出的贡献,为了有效地激励他改正错误,更加积极努力地为公司效力,又采取了请喝酒、送鲜花的方式对他予以安抚和鼓励。盛田昭夫这种恩威并重的管理方法,被很多人称为"鲜花疗法"。

领导者高高在上,工作上不体恤下属的艰辛,生活上不关心下属的困难,情感上不过问下属的冷暖,这就完全背离了人性化管理的要求,是为不恩;领导者虽然谦恭低调,却一味无原则地迁就下属,对下属的错误言行不予指正,逐渐助长下属的歪风邪气,致使他们不听指挥、不服管

教、不受约束,是为不威。毋庸置疑,这两种极端都是要不得的。

松下幸之助说,慈母的手、慈母的心是每一个领导者都应该具备的。对于自己的下属和员工,要真心地予以维护和关爱,因为他们是你的同路人,甚至是你的依靠。但同时还必须严厉,尤其是在原则和规章制度面前更应该严厉无比、分毫不让。对于那些违反了规章制度的员工和下属,就应该举起钟馗剑,狠狠地砍下去,绝不姑息。

7.赏罚必须有度

【原文】

用赏过者失民,用刑过者民不畏。有赏不足以劝,有刑不足以禁,则国虽大,必危。

【大意】

施行奖赏过了度就会失去民众,而执行刑罚过了度民众就不会畏惧。有了奖赏却不能用来鼓励民众为国效力,有了刑罚却不能用来禁止民众为非作歹,那么国家即使再强大,也必定会有危险。

韩非子告诉我们,赏罚必须有度,否则就会失去效用。

领导者不能忽视下属的功绩,要做到有功必赏。但是,如果赏得过多过滥,就会起到反效果。

赏的面太窄，奖赏易被少数人垄断，而大多数人得不到鼓励；赏的面太宽，不管有无功绩，人人有份，吃"大锅饭"，久而久之，有能力者会感到不公平而变得消极，没有能力者也会觉得反正有自己一份而依然故我。

奖赏过厚，往往后患无穷。其一，导致以后无奖可赏；其二，滋长下属一味追求丰厚奖励的不良心理；其三，易引起其他下属的不满，而打击大多数人的积极性。

赏不能只靠金钱。领导者只知用金钱激励下属，时间一长，情况就会愈演愈烈，如果没有高额的奖励，谁也不愿意用心去工作。其实，奖赏下属还有其他更好的方法，如让下属拥有参与决策的归属感，真正做到以工作业绩为标准提拔下属，增加下属学习及培训的机会，在众人面前赞扬下属等。

相对于奖励而言，处罚更让人头痛。如果处罚不当，不仅会影响个人，还有可能导致更加严重的后果。处罚不是目的，而是手段。处罚一定得以事实为基础，不能不分青红皂白，动不动就对下属加以处罚。同时，处罚不能偏颇，这样才能使受罚之人心服口服。

对一般的错误，如果下属认错的态度较好，可以从轻处罚。从轻处罚易使下属产生内疚感，从而避免重蹈覆辙，且能安心工作，不背思想包袱。而对于犯了重大错误的下属，则不能心软，应按章办事，不徇私情。

罚要采取适当的形式，既要避免过于冷酷，又要避免温柔无力而起不到预期的效果。罚的形式有口头的和书面的，有单独的和当众的。错误小、影响小的，宜采取单独的、口头的惩罚；错误大、影响大的，宜采取当众的、书面的惩罚。处罚绝对不能像文学创作那样讲究平仄、含蓄、朦胧，而应开宗明义，以简单的言辞说明下属受罚的原因。

罚要讲究时机，及时处罚，才能起到惩治的作用。处罚必须在影响扩大之前，必须在人们印象深刻的时候进行。

　　20岁时,曹操被地方推举为孝廉。孝、廉原是汉代选举官吏的两种科目,孝指孝子,廉指廉洁之士,后来合称孝廉。在西汉武帝之后,有了孝廉的资格,就可以做官。

　　曹操先是被任命为郎(帝王侍从官的总称),接着由京兆尹(相当于郡太守)司马防(司马懿父亲)推荐,出任洛阳北部尉,正式踏上了仕途的第一站。

　　当时京城地区的治安情况很不好,经常有突发事件发生。为了保证皇帝的安全,当时朝廷规定了严格的京城地区治安条例。曹操上任后,为了把治安工作搞好,忠于职守,将自己管辖的四道城门修缮完好,并制作了若干五色大棒,挂在城门的两边,然后申明禁令,凡是违反治安条例的,不管是平民百姓还是豪绅权贵,一律用五色棒打死。此举确实起到了作用,在一段时间内,京城的治安情况良好,无人敢违犯。

　　几个月之后,一件棘手的事情发生了——宦官蹇硕的叔父,仗着侄儿的权势,公然违禁夜行。曹操命人将他拿住后,喝问道:"你是何人?为什么违反禁令夜间出行?"他回答说:"我姓蹇,宫中的蹇硕是我的侄子。"曹操听后,气得火冒三丈,又喝道:"夜间出行,违犯禁令,当受重罚,你知道吗?"他回答说:"我有急事才出来。禁令是为了防止变乱,像我这样的人,哪能有作乱之理?你不应当处罚我。"曹操又说:"我不管你是什么人,只要违犯了禁令,就要被制裁,徇私枉法的事我是不能干的。"等到天亮后,曹操便把他押到城门处,当着众百姓的面,宣布罪行,然后毫不留情地用五色棒把他活活打死了。此举起到了杀一儆百的作用,此后,洛阳城的治安情况比以前更好了。史书上记载说:"京师敛迹,莫敢犯者。"

　　这件事轰动了整个京城,老百姓都称赞曹操不畏权势、坚决执法的行为。当然,这也触动了汉灵帝身边那些被宠信的宦官,蹇硕自此对曹操

恨之入骨。但由于曹操是按照治安条例办事,舆论又多是赞扬曹操的,蹇硕想加害曹操可又抓不着把柄,只好怂恿有关部门把曹操升为顿丘县令,使其离开京城。

8."第一印象"未必准确

【原文】

观容服,听辞言,仲尼不能以必士。

【大意】

仅看一个人的容貌服装,仅听他的言谈论说,就是孔丘也不能断定他是否能干。

古人云:"肤表不可以论中,望貌不可以核能。"这就是说,不能根据外表评价人的品德,不能看相貌估量人的才能,即不能以貌取人。观察其相貌定是非,倒不如研究他的思想和他办事的能力来得可靠。

"人不可貌相,海水不可斗量",这是一句有益的识才辨才格言。泰戈尔说得好:"你可以从外表的美来评论一朵花或一只蝴蝶,但不能这样来评价一个人。"以相貌取人、判人,没有丝毫的科学根据。

庞统与诸葛亮并称为卧龙凤雏。鲁肃对庞统的评价非常高:"上通天文,下晓地理;谋略不减于管乐,枢机可并于孙吴。"庞统确实是当时少有

的奇才。赤壁之战，庞统巧授连环计，诱使曹操用铁链将战船锁在一起，使周瑜的火攻得以成功，显露出了超人的胆识和卓越的才华。

周瑜死后，鲁肃总领东吴兵马，他极力向孙权举荐庞统。可是一见面，孙权见庞统"浓眉掀鼻，黑面短髯，形容古怪"，心里就很不喜欢。孙权问："公平生所学以何为主？"庞统答："不必拘执，随机应变。"孙权又问："公之所学，比公瑾何如？"庞统笑着说："某之所学与公瑾大不相同。"孙权平生最喜欢周瑜，见庞统轻视他，心中越发不高兴，就对庞统说："公且退。待有用公之时，却来相请。"庞统走了以后，鲁肃问："主公何不用庞士元？"孙权说："狂士也，用之何益？"鲁肃极力保举："赤壁鏖战之时，此人曾献连环策成第一功。主公想必知之。"孙权说："此时乃曹操自欲钉船，未必此人之功也。吾誓不用之。"

在庞统被鲁肃引见给孙权之前，诸葛亮曾经写过一封书信，将庞统推荐给刘备。孙权拒绝庞统之后，鲁肃害怕这一难得的人才落入曹操之手，也给刘备写了一封推荐庞统的信。庞统带着两封推荐信离开东吴去投刘备，见到刘备长揖不拜。刘备见庞统相貌丑陋，心中也有些不高兴，只是问了句："是下远来不易？"庞统并没有拿出诸葛亮和鲁肃的推荐信，只说："闻皇叔招贤纳士，特来相投。"刘备说："荆楚稍定，苦无闲职，此去东北一百三十里，有一县名耒阳县缺一县宰，屈公任之，如后有缺，却当重用。"庞统便到这个偏远的小县去做县令。后来还是张飞了解了他的真才实学后极力推荐，刘备才委以副军师的职务。

孙权、刘备所犯的错误，足以令喜欢以貌取人者引以为戒。

麦当劳是当今世界规模最大的经营餐饮业的企业集团之一，它的成功在很大程度上取决于它的用人之道。

当今服务行业对雇员的外表条件特别讲究，对女性尤其看重容貌。

时下的餐饮业招人时，招聘广告上总少不了"有工作经验，五官端正，身材苗条"等款项。而享誉全球的麦当劳在用人时却强调"心理素质良好，勇于面对困难，渴望个人成长"。两种用人观一目了然，前者关注的是表象，即相貌、身材，后者则注重实质的东西，即员工的精神状态。

麦当劳的成功宝典就是"不用靓女"。稍微留意，人们可以看到麦当劳快餐店的员工们均是相貌平平，个头高矮不一，看上去似乎不太和谐。但麦当劳在另一方面却要员工们要做到绝对和谐，即在上班时间必须突出企业风貌：统一着装、吃苦耐劳、勤奋上进。这些条件比相貌更重要，相貌是天生的，工作态度则是后天教育、培养出来的。

着力寻求具有吃苦耐劳和创业精神的人，才是企业最好的用人之道。人才是由德识才学体系等基本要素组成的有机统一体。领导者择人时不应该停留在事物的表面，而应观其言、察其行，用人用才，方能避免用错人之虞。

用人先要识人。管理者在用人的时候，首先要对所用之人有个较为全面的了解，这样才能保证用得其所。

心理学研究表明，初次接触的双方，首先观察和注意到的是对象的相貌、衣着、谈吐、举止等外在现象，然后自觉不自觉地根据这些感性材料给对方做出一个初步评价。由于初次接触的时间短，所获得的材料有限，而且都是表面的、感性的材料，因而在判断评价上往往会产生一些偏差。这就是所谓的"第一印象"。

其实，认知客体是非常复杂的。在某些人身上，外在与内在有可能得到较为和谐的统一，如心美貌亦美、心恶貌亦恶等。而在许多情况下，人的外在与内在是不相统一甚至是矛盾的，金玉其外很可能败絮其中，丑陋的外表之下很可能藏着一颗善良的、智慧的心。庞统丑陋的相貌与其盖世的才华；邓艾的口吃与其超人的胆识；张松外表的猥琐与其博闻强

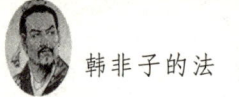 

记、能言善辩等,这些都是相互矛盾的存在。由于内在的东西是深深隐藏着的,外在的东西是容易观察到的,所以,如果不深入探究,就很容易看错一个人。孙权、刘备鄙视庞统,曹操厌恶张松,都是因为根据第一印象做出了错误的判断。

同时,认知主体在认识上的差别性和波动性,也是造成第一印象偏差的重要原因。每个认知主体对客体的认识水平是有差别的,也就是说,每个管理者对人的评价与判断能力都是有差别的。由于管理者们的智力因素与非智力因素不尽一致,导致识人用人能力存在差别。有的管理者善于识人用人,有的管理者则拙于此道。曹操、刘备、孙权在识人用人方面高人一筹,所以周围人才济济;吕布、刘表、袁绍、袁术之流没有识人之眼,手下或者没有得力人才,或者有人才不受重用。另一方面,同是一个人,认知能力也存在着波动性,此时此地的认知能力与彼时彼地的认知能力往往也存在着差异。地位、环境、心境的不同,会导致对人的认识与评价的不同程度的差异。即使是具有识人之眼的管理者,有时在识人时也难免会带有感情色彩。孙权不用庞统,是在赤壁大胜之后,"气骄而言难入";曹操拒张松,正值大破马超归来,"志满而易骄"。在这种情况下,孙、曹两人丢掉了平时礼贤下士、平易近人的作风,仅凭第一印象将难得的人才拒之于门外。

今天的管理者凭第一印象取人,不只是像孙权、刘备、曹操那样因庞统、张松的貌丑和气傲而不用。有时,他们接触一个沉默寡言的下属,就断定此人窝囊;接触一个穿着讲究的人,就以为此人有纨绔之习;遇到一次下属未向他打招呼,就以为此人目中无人;遇到一个犯过错误的下属,就认定此人今后还会犯错误,等等。管理者如果仅凭这样的第一印象去取舍人才,肯定会失误。只有通过进一步接触了解一个人的内在品性和行为方式,你才能真正知道他是否是你需要的人才。

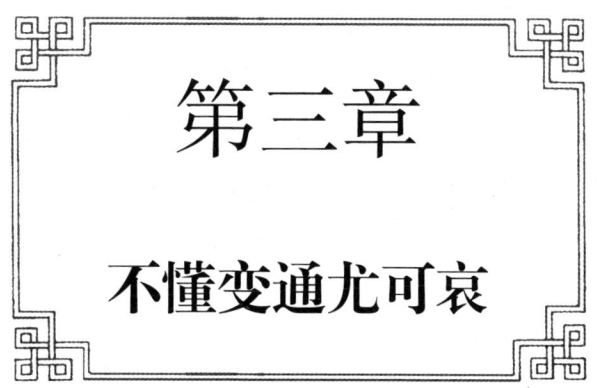

第三章
不懂变通尤可哀

1.顺势而为,因势而上

【原文】

飞龙乘云,腾蛇游雾,云罢雾霁,而龙蛇与蚯蝼同矣,则失其所乘也。

【大意】

飞龙驾着云彩,腾蛇游于雾中,一旦云消雾散,那么飞龙与腾蛇就和蚯蚓、蚂蚁一样了,因为它们失去了所凭借的东西。

韩非子十分重视对"势"的把握与利用,春秋时,齐国的名相管仲也

曾说："圣人能辅时，不能违时。智者善谋，不如合时。"聪明的人虽然善于谋划，但总不如顺势而为显得更为高明一些。

在围棋中，"势"是一种棋道，要实地还是要厚势，是惜子还是取势，往往能决定成败。兵法上更讲"势"，孙子在《势篇》中有句"善战者，求之于势，不责于人"。在社会生活中，"势"的考量也极为重要。于个人处世而言，尚且讲究审时度势，把握大势；于公共治理而言，则更需因势而谋，应势而动，顺势而为。

当下中国存在各种各样的势。其势之发端，普通人未必明察，古人即有言："儒生俗士，岂识时务？识时务者在乎俊杰。"但是，既然势已初成，却仍懵懂浑噩不知，或只要眼前一点"实地"，或固守既得利益，未免太过鼠目愚顽，轻则致未来的路变窄，重则误国伤民。因而，是向势而转还是逆势而行，这一决定不仅检验人的眼界，更考验人的智慧。

2003年，为了给"金山"的网游项目筹集启动资金，"金山"将卓越网以7500万美元的价格卖给了亚马逊。当时，许多人反对这种做法，可是雷军却坚持这样做，因为他认为国产游戏前景"极其乐观"，一定要抓住这个机会。

在那时，整个社会环境还没有给予网游事业更多的支持，中国的网游市场发展比较缓慢。雷军呼吁大众要给网络游戏产业给予更多的包容和支持。"如果一开始他是个婴儿你就把他扼杀在摇篮里，这对将来的网络游戏业的影响会很大。"雷军说，"网络游戏才刚刚起步，前一段时间代理游戏已经制造了一个新的起点，但是我认为迟早会是原创游戏的天下。"他觉得网游是一个难得的商机，是国内游戏厂商的最佳发展出路。

这一预言并非毫无根据。雷军对网游的市场前景做了全面分析，他说："我在参加863'网络游戏技术研究会'时，他们公布了一组数字：游戏对电

信产业的影响是7.5倍,对IT产业的影响是3.6倍,对出版的影响是2倍……这比我原来估算的10倍要超出很多。我认为网络游戏产业是一个隐性产业,5年之后对中国GDP的影响很可能超过2%。"这种良好的市场发展前景对很多人来说都是一个潜在的机会,就看你能不能发现它的存在。发现创业商机的关键点是深入市场进行调研,了解市场供求状况、变化趋势,考察顾客需求是否得到满足,注意观察竞争对手的长处与不足等。

雷军发现了这个商机,并抓住了这个商机,推出了首个网游作品——剑侠情缘Online,这款游戏推出的第一年就获得了超过1亿的利润。

"金山"也因此顺利上市,雷军对这样的结果感到很欣慰,这条路走对了。

雷军曾说过,台风来的时候,猪都能飞。事情的成败原因可以归结为一个字——势。顺势而为,如顺水推舟,事半功倍;逆势为之,则如逆水行舟,艰难险阻颇多,最终功败垂成。

所以说,一个人能干大事、干成事,不只是因为他有能力,更是大势成就了他,正所谓时势造英雄。那些怀才不遇、穷困潦倒的人,可能不是没有本事,而是没有把握住趋势,顺势而动,所以才会有生不逢时的慨叹。

势有大势和小势,比方说国有国运,是大势;家有家道,是小势。大势决定一个时代,造就一批英杰;小势改变一个群体、一个人的一生,可以成人,可以毁人。势就是江河,大势就是大江大河,滚滚东流,任何阻力在它面前都无能为力。对于逆势而为的人和事,可以摧毁一切;对于顺流而行的人和事,可以成就非凡。小势就是小溪,涓涓细流,遇坡而下,遇沟而聚,遇岩而跳,遇土而润,百回曲折,仍不改前进的方向。

顺势而为,关键在于一个"势"字,要有一双慧眼,判明大势进退;有一颗明亮的心,悟达通透。只有看得清、瞅得准,心如明镜,你才能知晓大

方向、大趋势,进而知进退。关键在于一个"顺"字,顺应、顺道、顺利,而不是悖逆、逆反,否则,朋友不容你,环境不容你,世道不容你。关键在于一个"为"字,只有作为才能成就事业,只有作为才能通向未来。

2.不要过分迷信经验

【原文】

宋人有耕田者。田中有株。兔走触株,折颈而死。因释其耒而守株,冀复得兔。兔不可复得,而身为宋国笑。

【大意】

宋国有一个农民正在地里干活,突然一只野兔撞到了地头的一截树桩子上,折断脖子死了。后来,农夫每天就这样守在树桩边,希望能再捡到兔子,然而他始终没有再得到,而农夫地里的野草却越长越高,把他的庄稼都遮盖掉了,农夫因此成了宋国人议论的笑柄。

韩非子所讲的"守株待兔"的故事告诉我们:兔子撞死在树上,是生活中的偶然现象。而宋国的农夫却把它误认为是经常发生的必然现象,最后落得个田地荒芜、一无所获的下场。

当然,韩非子在《五蠹》中讲"守株待兔"的故事,还有其他的深远意义。

韩非子说:"上古时代,人民少而禽兽多,人民经不住禽兽虫蛇的侵

袭和危害。有位圣人出来，用树木筑巢以避免各种禽兽的侵害，因此，人民十分爱戴他，让他来统治天下，他被称为'有巢氏'。人民吃野生的瓜果和生的蚌蛤，腥臊难闻的气味伤害了他们的肠胃，因此多生疾病。有位圣人出来，钻木取火来去掉食物腥臊难闻的气味，人民爱戴他，便让他来统治天下，他被称为'燧人氏'。中古时代，天下发洪水，鲧和禹治水，疏通河道。近古时代，桀和纣残暴昏乱，商汤和周武王讨伐他们。假如在夏朝还有人用树木筑巢和钻木取火，一定会被鲧、禹嘲笑；假如在殷、周时代还有人治水通渠，一定会被商汤、周武王嘲笑。那么，当今还赞美尧、舜、汤、武、禹的方法的人，也一定会被当今的圣人所嘲笑。因此，圣人不向往远久的古代，不效仿长久适用的规则，而是研究当今的社会情况，并据此为它制定应备的措施。"

在韩非子看来，那些想用先王的治国之道来治理当今社会的人，都是"守株待兔"的人。

生活中，许多人就像故事《守株待兔》中的农夫一样，不懂得灵活地思考问题，一味地死守狭隘的经验。一句"经验可贵"，便让他们迷信经验，不敢走自己的路。不可否认，经验的确有宝贵之处，但我们每个人都不可能毫无保留地把别人的经验套在自己的身上。我们要做的是吸收其中的精髓，然后根据自己的实际情况摸索出一条适合自己的道路。

许多已经成形的思想或理念，总是有意无意地支配着我们的行动，使我们的头脑逐渐变得懒惰，不愿意跳出固定思维模式。不能客观对待事情，便很难解决问题。唯有秉持着"跳出三界外，不在五行中"的客观态度，挣脱思想枷锁的束缚，才能就事论事，将问题解决掉。

传说在浩瀚无际的沙漠深处，有一座埋藏着许多宝藏的古城。要想获取宝藏，必须穿越沙漠，战胜沿途数不清的机关和陷阱。

一个勇敢的人决定去寻宝。为了在回去的时候不迷失方向，这个勇

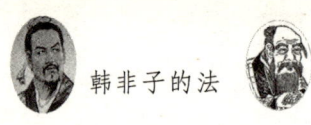
敢的寻宝者每走一段路，便要做上一个非常明显的标记。可就在古城已经近在眼前的时候，这个勇敢的人却因为过于兴奋而踏进了布满毒蛇的陷阱，眨眼间便被饥饿的毒蛇给吞噬了。

过了许多年，又来了一个勇敢的寻宝人。他看到前人留下的标记，心想：这一定是有人走过的，既然标记在延伸，说明先行者安全地走下去了，这条路一定没错！于是，他沿着标记往前走，最终落进了同样的陷阱，成了毒蛇的美餐。

最后一位走进沙漠的寻宝人是一位智者，他看着前人留下的标记想：这些标记可不能轻信，否则，寻宝者为什么都一去不返了呢？智者凭借着自己的智慧，在浩瀚无际的沙漠中重新开辟出了一条道路。他每迈出一步都小心翼翼、深思熟虑。最终，这位智者战胜了重重险阻，成功抵达古城，并获得了宝藏。

生意场上最可怕的是认为万事不变：顾客不会变，他们会一如既往地购买自己的产品；委托人不会变，他们永远觉得你真诚可信；竞争对手不会变，他们将永远停留在原来的实力水平上。

成功的企业家和领导者绝对不会有这种墨守成规的想法。他们知道敏锐的洞察力和快速的反应能力是事业成功的关键。尤其在当今飞速发展的时代，快速的应变能力尤为重要。

许多人在做决策时往往只凭经验，而不去想环境发生了什么变化。他们会凭几年前的失败经验告诉你："老兄，5年前我就这么做过了，根本行不通。"他们没有想到，5年后情况发生了变化，以前不适用的做法现在没准是恰逢其时。

还有一种人，他们死死抱住以前的规矩，不敢越雷池一步。他们顽固地认为："这个方法5年前有效，现在一定也有用。"在他们眼里，世界是静止的。

朱利安·巴赫年轻时在《生活》杂志做记者。二战后的一天,他与一名从纳粹集中营逃出来的罗马尼亚小伙子共进午餐,小伙子给他讲了一个故事。

小伙子靠在纽约大都会剧院门口兜售演出纪念品为生,当时剧院正上演著名指挥家索尔·赫罗克指挥的芭蕾舞剧。

那是个五月的星期二,天气晴朗,演出票销售一空,小伙子的纪念品也全卖完了。又过了一个星期,还是星期二,天气依旧晴朗,剧院上演着同样的舞剧,演出票又销售一空。可这一次,演出纪念品却几乎一份也没兜售出去。

演出结束后,小伙子在剧院走廊上遇到了赫罗克,告诉他自己实在想不通原因。赫罗克的回答出乎意料的简单:"因为这是另一个星期二。"

因此,每当你做出新决策前,千万不要犯墨守成规的错误。不要以为你以前失败过现在还会失败,也不要以为你以前成功过现在还会成功。

要想有所创新,就必须突破思维定势。

日本的东芝电器曾经在1952年的时候积压了大量的电扇,7万多名职工为了打开销路,搜肠刮肚地想了很多办法,但都毫无起色。有一天,一个小职员想到了一个办法——改变电扇的颜色。当时,全世界的电扇都是黑色的,没有人想到电扇也可以做成其他颜色。这一建议引起了东芝董事长的重视,经过研究,公司采纳了这个建议。第二年夏天,东芝推出了一批浅蓝色的电扇,在市场上掀起了一阵抢购热潮,几个月之内就卖出了几十万台。从此以后,在日本乃至全世界,电扇都不再是一副黑色的面孔了。

　　一般人总以为跳跃是危险的,但事实上,跳跃也可以安全而快速。要创造跳跃式的突破,首先要舍弃目前惯有的商业模式,寻找周围被忽略的机会,并且学习其他产业创新的经营模式及想法。观察其他产业的经营模式,或许你会惊讶地发现,很多原则应用到你的事业也同样适合。最后,你将发现,花同样的时间、人力及资本,却可以达到更好的结果。

　　大多数人都对麦当劳的创立人雷蒙·克罗克的名字耳熟能详,但实际上,克罗克并不是最先创立麦当劳的人。麦当劳最先由麦当劳兄弟创立,但他们未能预见麦当劳的发展潜力,后来将麦当劳的观念、品牌以及汉堡等产品,卖给了从事销售工作的克罗克,让他继续经营。

　　克罗克以独特的行销策略,将麦当劳以连锁店的形态推广至全世界,变成了今天规模庞大的企业。克罗克抓住了麦当劳兄弟原先忽略的机会,改变了原有的经营模式,因而成就了自己事业的辉煌。

　　如果你以为,那些成功创新的人都是绝顶聪明的人,那你就错了。事实上,大部分的事业突破都是一般人在现有心智模式下产生的。关键不在于你够不够聪明,而在于你的态度:你是否愿意抓住机会,并善加利用。

　　突破可能来自常识,来自一些看起来很普通的东西,只要你能敞开心胸去观察,寻找更简单、更容易、更有效率的做事方法,你就可以创造突破。

　　正如俗语所说"穷则变,变则通"。当遇到困难时,不要立即认为难解决而泄气,不要被自己的想法、主观意识与既有的知识所拘束,重新坦诚地审视事态,往往会产生意想不到的效果。

3.战略灵活是企业制胜之道

【原文】

时移而治不易者乱,能治众而禁不变者削。故圣人之治民也,法与时移而禁与能变。

【大意】

时代有了发展而统治方式一成不变的, 社会必然危乱;智能普遍提高而禁令规定一成不变的,国家必被削弱。所以圣人治理民众,法制和时代同步发展,禁令和智能水平同步变更。

法家倡导法因时而变,主张为时为世,反对因循守旧,具有朴素的发展的科学历史唯物主义观。韩非子在《心度》中说,制度要有适时性、时代性、合理性。人类社会的发展本身就是体制的不断变化与发展,法律与制度应与时俱进,不断适应社会发展要求,否则将是楼阁束书,形同虚设。

韩非子说"时移而治,不易者乱",强调法律法规要因事而变、因时而易。他还说:刑罚轻并不是仁慈,刑罚重并不是残暴,只有适合社会状况才是最重要的。因此,政事要根据时代变化,措施要针对社会事务。

韩非子"因时而治"的思想在现代企业管理中有很大的积极意义。随着社会的发展与进步, 一些规章制度已不能适应企业现时运作的需要,更不能满足将来市场竞争的需要。当决策中出现一些新的问题,也就是在以前决策中从没遇到过的问题时,做一些变通是十分必要的,这样做

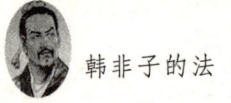
出决策才更具有弹性,更具有灵活性和创造性。

　　某食品公司原来生产销售的"草莓夹心酥",销量和获利一直都很好。不过,现在销售市场上出现了新趋势。由于现在年轻人很注重自己的身材,担心卡路里过高会发胖,因此都开始偏好"高纤饼干",这使得高热量的草莓夹心酥的销售绩效逐渐下滑。

　　在许多竞争者跟进的情形下,该公司的行销部门发现了这种情形,也想要销售此种高纤饼干,以增加公司的营业利益。于是,他将此种构想呈报上级决策单位。决策部门在接收此项信息并和生产部门经理讨论过后,提出了下列四种可行方案:

　　方案一:改为全部生产高纤饼干。

　　优点:若改为全部生产高纤饼干,行销部门可以完全销售高利润的产品,如此,公司的营业利益必定会比只销售草莓夹心酥高。

　　缺点:全部放弃草莓夹心酥的生产,势必会造成一些生产设备固定成本的损失。此外,由于该公司无法完全掌握新趋势且需花费成本与时间来训练员工,使员工掌握新技术来生产这项新产品。所以,若是全部放弃生产草莓夹心酥,风险太大。

　　方案二:不跟进市场,仍只生产草莓夹心酥。

　　优点:在未能完全掌握新趋势之情形下,选择不跟进市场,可以降低风险,且由于生产草莓夹心酥的技术纯熟,不需额外支出员工训练成本。另外,原本的市场仍可获得一定的利润。

　　缺点:不顺应时代的潮流,只依赖固定老顾客的消费,未能开发新市场,终究会被淘汰。

　　方案三:高纤饼干及草莓夹心酥的生产比例各半。

　　优点:若采取高纤饼干及草莓夹心酥的生产比例各半,既可以维持原生产决策应有的利益,又可以开发新市场,吸引新顾客。

缺点:决定生产比例各半的决策太过草率,毫无根据,应先研究调查后,再行决定生产比例,如此对公司整体较有保障。

方案四:研究、调查市场之后,以特定的比例生产高纤饼干、草莓夹心酥。

优点:研究、调查过后,可以以明确的需求量决定生产比例,以借此来维持原市场及开发新市场,让两种产品的获利比例调整至适当程度,以使公司获得最大利益。

缺点:研究、调查市场势必得花费时间、人力,若是研究时间太过冗长,使得新产品的消费热潮消退,将会让此研究、调查成本造成无谓的浪费及错失销售此新产品的机会。

方案四与其他三方案相比,较有计划性及具有适应的弹性,能在环境变迁之当下对新产品与旧产品之间的关系找到最协调、最具竞争力的方法。

商业环境的变化总是出乎企业的预料。外部不确定性因素已经成为商业运作中的一部分,一个不确定性的时代正在来临,战略的灵活性乃是企业应对不确切时代的制胜之道,而卓越的企业都懂得运用灵活的战略管理去应对这样一个新环境的挑战。

当初,勾践向范蠡请教振兴越国之道。范蠡作了精辟的论述。他认为:天时、人事都是不断变化的,因此,制订方针、政策要因时和事而定。

在一个不确切的时代中,企业所必须面对的战略管理往往是矛盾的:降低成本和高速增长必须同时并存,维持品质和毁灭性创造同时并存,提高执行力和不按常规做事并存——以往超稳定的战略管理方式已经无法适应这个变化的环境,所以,战略的灵活性是企业应对外部变化与竞争需要的有效选择。

近年来,部分企业所陷入的经营困境很大程度是因为战略层面上的

欠缺。对以往成功的沉醉与技术的过分执著,使企业总是对外部变化与忠诚度的变化视而不见,而一早制定的僵死长期战略规划又使企业对市场变化无法做出迅捷反应。这时就需要进行企业再造,核心就在于用灵活的战略管理去应对外部不确切的时代,以更快的速度、更高的效率、更迅捷的市场反应去迎接一切可能的挑战与机会。

4.持守正道,巩固变革

【原文】

圣人不期修古,不法常可,论世之事,因为之备。

【大意】

圣人不期望照搬古法,不死守陈规旧俗,而是根据当前社会的实际情况,制订相应的政治措施。

法家主张法治,其中一个重要的内容就是变法图强,以应对激烈的竞争。

革旧迎新是历史发展的必然趋势,这是个人的愿望改变不了的。

变革旧的事物,绝不是什么轻而易举的事情,需要一段时间的准备,才能逐渐被人们理解、接受。

变革是一个循序渐进的过程,它不能一蹴而就,更不是靠一股热情就能奏效的,它需要分步骤、分阶段进行。变革是非常严肃的事情,需要热情,更需要冷静;需要勇敢,更需要智谋。对变革的舆论,必须要经过反复多次的研究探讨,进行审慎周密的考虑安排,证明变革确实合理可行,没有什么问题。同时,还要能够得到人们的理解与信任,只有到了这个时候,才可以大刀阔斧地进行变革。

如果在不该变革的时候冒然变革,就有点激进和冒险,最后的结果很可能会适得其反。变革失败不只是失败本身的问题,有时还会造成其他影响,比如,此次变革的失败有可能阻碍日后其他变革的实行。另一方面,若到了该变革的时候还不变革,就会错失良机,贻误大事。

变革成功之后,一定要小心翼翼地维护变革的成果。历朝历代在经济与政治改革获得一定的成功之后,都一再强调要稳定,稳定压倒一切,这样做的目的只有一个,就是维护变革后的成果。天下之事,变革之前,主要的问题是变革;变革成功之后,主要的问题就不在于变革而在于守成了。此时,要好好地巩固变革的胜利成果,持守正道,以使老百姓逐渐享受变革带来的利益,使他们由革面而发展到革心。如果此时不安守既有成果,又思变革,势必会过犹不及,造成凶险的局面。

法国大革命时期,雅各宾派的恐怖政策作为一种"战时体制",可以说是在法国内忧外患空前严重的情况下被迫采取的措施,它暂时牺牲资产阶级的某些利益,满足了群众的某些要求,在挽救共和国和拯救革命方面起到了积极作用。但是,当危机过后,雅各宾派仍然采用这种政策,而不去巩固已有成果,这不仅使大资产阶级开始反对他们,也招来了人民对恐怖政策的不满。于是,雅各宾派逐渐陷入孤立的境地,在各种因素的综合下,最终,罗伯斯庇尔及雅各宾派的许多成员都被送上了断头台。

汉武帝时,著名的经学大师董仲舒在朝廷担任博士,受到了汉武帝的重用。当时,汉武帝请学者们对治国之道提出建议,董仲舒借机发表了

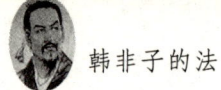

一番很有名的言论,他说:"汉朝继秦而立,秦朝的旧制度都不适用了。好比琴上的弦已经陈旧不堪,只有更换新的弦,才能继续弹奏。同样,社会也需要改革。琴弦该换而不换,就是最好的音乐家也弹不出优美的曲子来;应当改革而不改,就是最贤明的政治家,也不能创造令人满意的政绩。"汉武帝对他的这番见解表示赞同,这才有了所谓的"罢黜百家,独尊儒术"。

世界旅馆业巨头威尔逊为了把自己的旅馆建成第一流的旅馆,第一次在房间里使用了空调、电视,还为孩子们设计了游泳池,增加了照顾孩子的服务项目,甚至设计了提供给旅客的小狗居住的免费狗屋。所有这些,在当时都是闻所未闻的。经过这番改革之后,别人的旅馆冷冷清清,而他的旅馆却总是挤得满满当当。

威尔逊旅馆的成功之处,就在于他突破了当时一般的经营策略,勇敢地采用最新、最先进的设备,有针对性地设计项目,拥有别人无法企及的特点和优势。反之,若一味固守老传统、老经验,就会掐断财富的萌芽。

不仅是一个国家会产生积弊,一个单位、一个企业,长期的积淀也会形成种种弊端。在这种情况下,需要马上进行治理,来扭转,来疏导,来拨乱反正。

1998年,上海石化的经营遇到了自建成投产以来最严重的困难。造成这种困难的原因,从外部看,受国际石化行业不景气的拖累及亚洲经济危机的影响;从内部看,虽然进行了公司制改造,但长期计划经济体制下形成的生产经营意识和思想观念仍然严重束缚着企业的行为,内部机制的转换尚未完全到位,深层次的改革任务还没完成:富余人员较多,人工成本居高不下;大多数生产设备是在二十世纪七八十年代从国外引进的,规模偏小,生产工艺技术水平已经落后,竞争力不强;技术开发工作滞后,产品结构老化,不少产品已连续生产了近20年,其质量、品种、技术都已落后于下游加工企业的水平。这次石化产品市场大幅调整形成的严峻局面,表面上看对上海石化是坏事,但从深层次看,也是好事。它使上海石化经受了市场经济的考验,也把计划经济遗留的问题和以前工作中的不足进一步暴露了出来,从而为最终解决这些问题创造了条件。

上海石化的领导在认真总结上海石化的历史经验和深刻分析其面临的严峻局势之后,决心下大力气改革营销体制,加强销售网络和销售队伍建设;改进科研管理体制,加强科研工作领导,加强新产品开发的力度;发展和加强多种经营,组建有一定规模的多种经营公司,以便吸纳更多的分流人员;加强资本经营的力度,以形成某些产品在国内的领先优势;加快与英国石油公司、美国菲利普斯等国际石化大公司的合资、合作,以期取得国内石化产品市场的领先地位;开始舟山册子岛原油码头和油库的建设工程,改造现有乙烯、常减压等设备,增建100万吨延迟焦化等生产设备,以进一步调产品结构,增加进口原油的加工,提高市场竞争能力。虽然上海石化面临的形势十分严重,但其公司的规范运作仍饮誉海内外。

在商业领域,只有强者才能生存下来,弱者必将淘汰。尤其是在如今竞争激烈的年代,越来越多的竞争压力使人们认识到,只拥有知识是远远不够的,如何运用知识,如何去解决问题,如何去创新,这一切都要靠人的智慧去解决。未来的赢家是那些实力强大、反应灵活的公司,因此,经营者必须创新,必须抓住一切机会,全力以赴地革新进取,才能获得生机勃勃的发展。

5.善于听取别人的批评

【原文】

至言忤于耳而倒于心,非贤圣莫能听。

【大意】

最合情合理的话听起来也是不顺心的,除了贤圣,没人能听进去。

身为一名领导者,你肯定会做出一些不利于某些下属的事情,毕竟你需要维护的是一个整体的利益。而一旦有下级为此骂你是"一个笨蛋",你应该怎么办呢?生气吗?觉得受到了侮辱吗?

有一次,爱德华·史丹顿称林肯是"一个笨蛋"。史丹顿之所以如此生气,是因为林肯干涉了史丹顿的业务。林肯签发了一项命令,调动了某些军队。史丹顿不仅拒绝执行林肯的命令,还大骂林肯签发这种命令是笨蛋的行为。结果怎么样呢?当林肯听到史丹顿说的话之后,他很平静地回答说:"如果史丹顿说我是个笨蛋,那我一定就是个笨蛋,因为他几乎从来没有出过错,我得亲自过去看一看。"

林肯果然去见了史丹顿,当他知道自己签发了错误的命令时,立刻收回了该命令。

　　我们应该欢迎这一类批评，因为我们甚至不能奢望自己做的事有四分之三正确的机会。即便是爱因斯坦，也承认他的结论有百分之九十九的时候都是错的。

　　许多领导者也承认，很多次他都知道下属的批评是对的，可是每当有人开始批评他的时候，只要他稍不注意，就会马上很本能地为自己辩护——有时候，他甚至根本不知道批评者会说些什么。但他每次这样做的时候，就会觉得非常懊恼。每个人都希望能听到别人的赞美，而不是批评，不管这些赞美或批评是不是公正。

　　当领导者受到不公正的批评时，该怎么办呢？用人大师卡耐基告诉我们一个办法："当你因为觉得自己受到不公正的批评而生气的时候，先停下来说'等一等'……我离所谓完美的程度还差多远呢？如果爱因斯坦承认百分之九十九的时候他都是错的，也许我至少有百分之八十的时候是错的，也许我该受到这样的批评，如果确实是这样的话，我倒应该表示感谢，并想办法由这里得到益处。"

　　查尔斯·卢克曼是培素登公司的总裁，他每年花100万美金资助鲍勃·霍伯的节目。他从来不看那些称赞这个节目的信件，却坚持要看那些批评的信件。他知道他可以从那些信里学到很多东西。

　　福特公司也急于找出他们在管理和业务方面有什么样的缺点，他们经常对全体员工做意见调查，请他们来批评公司。

　　卡耐基认识一个推销肥皂的人，这个人甚至常常主动请别人来批评自己。当他刚开始为柯盖公司推销肥皂的时候，订单来得非常慢，他很担心会失去自己的工作。他知道肥皂和价钱都没有什么问题，所以问题一定出在自己的身上。因此，每次生意没有做成的时候，他就会在街上走来

走去,想弄清楚问题到底出在哪里:是不是他说的话太含糊了?是不是他的态度不够热诚?有时候他会回到客户面前说:"我之所以回来,不是想再向你推销肥皂。我回来是希望能得到你的忠告和批评,可不可以麻烦你告诉我,几分钟以前我向你推销肥皂的时候有什么地方做得不对?你的经验比我多,也比我成功,请你给我批评,请你坦诚地、不加掩饰地告诉我。"

这种态度使他赢得了很多朋友和很多有价值的忠告。

忠言一般都是逆耳的,但逆耳的忠言却是难得的良药,无论是古代还是现代,善纳忠言的人大多都有不朽的成就。

唐太宗李世民便是因为能听进逆耳之言而成为一代名君的,他的谏臣魏征也因为敢于进谏而名垂青史。

李世民在发动"玄武门"之变夺得皇位不久后,就任命大臣魏征为谏议大夫。

谏议大夫的职责是专门向皇帝提意见。这是个很奇特的官,它既无足轻重,又重要无比,既无尺寸之柄,但又权力很大,而这一切都取决于谏议大夫的意见能否被皇帝采纳。唐太宗任命魏征为谏议大夫,表现了唐太宗对他才能的认可和对他本人的信任与尊重。之后,唐太宗又把他提升为尚书丞,如此,他便能随侍左右,时时处处提醒规劝皇帝。

魏征就是在这种相对宽松自由的环境里做谏官的,他劝谏的内容从长治久安的军国大计,到皇帝个人的起居生活,涉及许多方面。可以说,魏征对唐太宗及唐朝贞观年间的政治产生了很大的影响。

在使用人才方面,魏征主张在不同的时期要对德才有所取舍。他对唐太宗说:"在天下未定之时,用人的标准是重视才能,不过多地考虑他的品德操行。天下平安以后,则非德才兼备不可用。"在魏征的影响下,唐太宗"内举不避亲,外举不避仇"。有一次,他还主动地对魏征说:"选择任

用官吏,是不能轻率马虎的。用一个君子,那么君子就会纷纷而来;用一个小人,那么小人也就会钻营投奔而来。"

在个人享乐方面,魏征紧紧盯着唐太宗,经常犯颜直谏,不让他大兴土木。有一次,唐太宗想去南山打猎,车马都准备好了,最后还是没敢去。魏征问他为什么没有出去,唐太宗说:"我起初是想去打猎,可又怕你责备,就不敢出去了。"

贞观四年(630年),唐太宗决定修建洛阳宫,中牟县县丞皇甫德参上书劝阻,言辞激烈。唐太宗发怒,要治皇甫德参的罪,魏征连忙拿汉朝的贾谊为皇甫德参辩护,证明自古上书言辞不激烈就不能打动君主的心,唐太宗这才作罢。后来,河南、陕西一带大雨,泛滥成灾,偏在这时,唐太宗又要修建洛阳的正山宫。魏征听说了,赶忙上奏说:"隋朝所以很快灭亡,其主要原因就是因为隋炀帝大修亭台楼榭,百姓不堪役使,才起义反对他。如今,现有的宫观楼台已经足够居住了,如果想到隋朝的灭亡,甚至还应该拆掉宫殿。如果舍不得拆掉,起码不该再修大的宫殿。如果不想到天下的艰难,不断地扩大宫殿建筑,追求华丽和享乐,增加百姓的劳役,就会像隋朝一样灭亡。"唐太宗接受了魏征的建议,停修宫殿,把材料运到了灾区,帮灾民建造房屋。

有一次,唐太宗听信他人的谗言,批评魏征包庇自己的亲戚,经魏征辩论,唐太宗知道自己错了。魏征趁机说道:"我希望陛下让我做一个良臣,不要让我做一个忠臣。"唐太宗听后很吃惊,就问:"难道良臣和忠臣有什么区别吗?"魏征说:"区别很大。良臣身享美名,君主也能得到好声誉,子孙相传,流传千古。忠臣得罪被杀,君主得到的是一个昏庸的恶名,国破家亡,忠臣得到的只是一个空名。"唐太宗听了以后,十分感动,连声称赞魏征的话很对,并送给了他好绢五百匹。

当然,唐太宗是人不是神,对魏征的劝谏并不是每一次都能愉快地接受,有时是既恨又怕,甚至还想干脆杀掉他。

　　有一次,唐太宗罢朝回来,气冲冲地对皇后说:"我一定要杀了这个乡下佬。"皇后非常贤德,赶忙问要杀谁,唐太宗说:"魏征这家伙老是在朝廷上折辱我。"皇后听了这话,连忙回去换了一身朝服,恭恭敬敬地站在庭院里向太宗祝贺。太宗见了,十分惊讶,问她这是在干什么。皇后说:"我听说只有圣明的君主才能有正直的臣下,现在魏征正直敢言,全是由陛下的英明所致,我怎敢不表示我的祝贺呢!"太宗听了,立时转怒为喜。

　　魏征年老病重,太宗送医送药,使者相望于道路,来往不绝。不仅如此,太宗还和太子一起去他家探望,并把衡山公主许配给他的儿子魏叔玉。魏征去世后,唐太宗命朝中九品以上的官员都去吊唁,并为之亲自撰写碑文,刻于石上。此后,太宗时常跟左右大臣说:"人以铜为镜,可以正衣冠;以古为境,可以见兴替;以人为镜,可以知得失。魏征殁,朕亡一镜矣!"

　　作为上级,当你被别人批评时,最好的办法是以此为诫,有则改之,无则加勉。最糟糕的做法是拒绝批评,与批评人争高论低。在成功者的眼中,任何批评都是防止错误的良药。

6.眼前利益必须服从长远利益

　　【原文】

　　顾小利,则大利之残也。

　　【大意】

　　贪图小利,那是对大利的危害。

如果一个人只想着眼前利益而没有长远目标，那他就不会有多大的前途。这样的人就像一只忙忙碌碌的蜜蜂，一年到头东奔西走，不知道生活的快乐，也不知道成功的喜悦。

如果你的年龄是18岁以下，那么你可能即将要做你生命中最重要的两项决定。这两项决定将深深地改变你的一生，这两项决定对你的幸福、收入、健康可能会有深远的影响，这两项决定可能造就你，也可能毁了你。这两项决定关乎你的眼前利益，解决了眼前利益，才能为你的长远利益奠定基础。很多人就由于没有解决好这两个眼前利益，最终导致终生失败。

这两个重大决定是什么？

第一，你将如何谋生？

第二，你将选择谁来做你的生活伴侣？

这两项决定就像赌博。哈里·艾默生·佛斯迪克在他的《透视的力量》一书中说："每位男孩在选择如何度过一个假期时都是赌徒，他必须以他的日子作赌注。"

但是，这两项眼前利益却不能赌，因为谁也赌不起。找一个谋生的饭碗与找一个理想的伴侣，是一个人走向社会面临的最大问题，解决好这个问题，你才能进一步实现你的梦想。

首先，如何找到你谋生的饭碗呢？找工作是件很难的事情，要找到自己喜欢的工作更难。不光中国人多岗位少，世界范围内也如此。

美国家庭产品公司的一位副总经理艾德纳卡尔夫人说："我认为，世界上最大的悲剧就是，有那么多的年轻人从来没有发现他们想真正做些什么。我想，一个人若只从他的工作中获得薪水，而其他一无所得，那真是最可怜的了。"很多大学毕业生找工作是很盲目的，他们不知道自己想干什

么、能干什么,只要有工资就行。所以,很多人刚开始的时候野心勃勃、不可一世,但到了四十岁以后却一事无成,结果痛苦沮丧,甚至精神崩溃。

所以,为了长远的目标,你在选择眼前利益的时候,一定要三思而后行。

菲尔·强森的父亲开了一家洗衣店,他把儿子叫到店中工作,希望他将来能接管这家洗衣店。但菲尔痛恨洗衣店的工作,所以做起事来十分懒散,提不起精神,只做些不得不做的工作,其他工作一概不管。有时候,他则干脆"缺席"。他父亲对此十分伤心,觉得自己养了一个没有野心、不求上进的儿子。

有一天,菲尔告诉父亲,他希望做个机械工人,到一家机械厂工作。什么?一切从头开始?这位老人十分惊讶。不过,菲尔还是坚持自己的想法。他穿上油腻的粗布工作服,去从事比洗衣店更辛苦的工作,工作的时间更长,但他竟然快乐地在工作中吹口哨。

他选修工程学课程,研究引擎,装置机械。而当他在1944年去世时,已是波音飞机公司的总裁,并且制造出了"空中飞行堡垒"轰炸机,帮助盟国军队赢得了第二次世界大战的胜利。如果他当年留在洗衣店不走,那他和洗衣店在他父亲死后会变成什么样子呢?也许整个洗衣店会破产,他会一无所得。

菲尔·强森如果满足于父亲给他的现成家业,从这个眼前利益出发,去干洗衣店的工作,那他就无法实现自己的长远目标,而只会成为千千万万的小洗衣店的老板中的一员。菲尔·强森没有受眼前利益的驱使,他志在高远,所以,他选择了适合自己发展的事业,最终,他成功了。

一个人最理想的境界就是将眼前利益和长远利益结合起来,但这样的事情很少。很多人都要经过一段痛苦的时间之后,才能把眼前利益与

长远利益协调一致。

许多成功者是在经过了各种各样的谋生之后，才找到了自己的位置,在痛苦的斗争之后选择自己的人生方向。在这过程中,关键是要把握住自己,不要为眼前利益而放弃长远目标。是鱼,就要找到能养活自己的水,不要待在岸上干涸而死。

眼前利益必须服从长远利益,必须为长远的目标服务。那么,什么是人的长远目标呢？

长远目标就是你最终想成为什么样的人。具体来讲,包含三个方面：

(1)你的事业到达什么程度？

(2)你的家庭发展到什么境界？

(3)你的荣誉到达什么高度？

人的一生就是为了这三个目标而奋斗。

现在,你要想好,怎么才能把眼前利益和这三个长远目标结合起来。你必须结合社会发展的实际情况与自己的实际水平和主观愿望作出决定。你的一生就从这个决定开始。

眼前利益的出发点就是你首先要能够生存,要首先保证自己的衣食住行不受影响。这就是说,你先要找到一份工作,使你能够生存下来,然后才有可能实现你的长远目标。

眼前的工作可能不适合你的发展,你可以把它当成一个踏板,一旦发现有利于自己发展前途的事情出现，就要毫不犹豫地放弃眼前的工作,去追求自己的事业。这里绝不能有丝毫的迟疑和犹豫。有些人就是这样,一旦在一个工作岗位上干起来了,就不愿意放弃,即使觉得不适合自己,也会委屈自己坚持下去。你若这样做,无疑是放弃了自己的长远目标,宣告了自己人生的结束。所以,眼前利益永远只能作为一个跳板,你要借此跳上龙门,而不是就此了结一生。生存是第一需要,发展和实现自己才是人生的最高需要和终极需要。

7.掌握随机应变的艺术

【原文】

故知者不以言谈教,而慧者不以藏书箧。此世之所过也,而王寿复之,是学不学也。故曰:学不学,复归众人之所过也。

【大意】

所以,有才智的人不用空言说教,聪明的人不用藏书箱子。不说教、不藏书是世人所指责的,而王寿重复了这样的做法,这是把不学习作为学习了。所以《老子》说:把不学习作为学习,重新走上众人认为错误的道路。

韩非子认为,治理国家需要法律,也需要管理者灵活应用管理知识,不能生搬硬套。管理需要智慧,有智慧的人绝非学究,他们都是立足于实际的。想要在生活和工作中游刃有余,不仅需要知识,还要有能力,能力的发挥以知识为基础,但知识不等于能力,灵活变通就是一种能力。

环境、时势、事态、生活以及人本身,世间一切事物都是不断变化的。所以,我们制订的计划、方针也必须随着情况的变化而变化。"见机行事"的实质就是在客观条件不断变化的情况下,能够随着时间、地点和机会的变化而灵活地作出不同的选择。

俗话说:"鸟靠翅膀兽靠腿,人靠智慧鱼靠尾。"机智是随着智慧而来的。荀子云:"举措应变而不穷。"能够随着时势、事态的变化发展而从容

应对,是一个人立身处世、建功立业不可缺少的本领。对个人而言,随机应变更是有着极其重要的意义,可以变被动为主动、化不利为有利,取得出奇制胜、化险为夷的效果。

解缙是明朝一位非常有名的才子。他任翰林学士时,明成祖朱棣钦点他主编《永乐大典》,解缙得以侍奉皇帝左右。但朱棣经常出一些难题考他。一次,朱棣说:"爱卿,朕有位后妃夜里生了个孩子,你替朕做一首诗吧。"解缙立即吟道:"吾皇昨夜降金龙。"朱棣道:"是个公主,不是皇子。"解缙马上改吟:"化做嫦娥下九重。"朱棣道:"可惜已经死了。"解缙接口道:"料是人间留不住。"朱棣道:"已命太监抛入金水河里去了。"解缙续吟道:"翻身跳入水晶宫。"朱棣听了哈哈大笑道:"爱卿真是随机应变的奇才啊!"

随机应变中的"机"和"变"是多种多样、千姿百态的,无规律可循。"机"可以是天时、地利、人和……"变"是随"机"而变,可以是顺水推舟、草船借箭、迎难而上、寻找最佳时机……"变"运用之妙全在于心。随机应变是才智、胆略的快速反应和临场发挥。

常常有人抱怨,说自己想创一番事业,却没有合适的主攻方向,缺乏必要的资金力量,更幻想能得贵人襄助。

明代刘基曾经在《郁离子》中讲过"蜀市三贾"的故事。四川有三个商人:张甲、王乙、李丙,他们分别开了三间药铺。张甲的药铺专门经销名贵药材,价格昂贵,只有达官显贵、豪门富商之家买得起,所以张甲的药铺常常是"门前冷落车马稀",他也只能艰难度日,最后赔得血本无归。而王乙的铺子既经营贵重药材,也经销一般药材,价格适中,生意还算可以。李丙的药铺则随行就市,各种价格的药材都有,凡是平民百姓所需要的

药材,他全有,所以李丙的药铺生意十分兴隆,很快,李丙就成了一个富翁。三个商人,三种不同的经营方式,其结果相差甚远。

行为科学研究提示,工作中,人与人之间较好相处,这或许是因为工作上的人际关系较有规律。而在社会上,人与人之间的关系是断断续续的,比较紧张,而且较少有规律可循,若没有随机应变的能力,很容易使自己陷入困境。

市场竞争是一场没有硝烟的战争,"商情"更是瞬息万变。面对诸如经营环境的突然恶化、经营环节的突然中断、谈判桌前刁钻的提问等突发的危机、意外的事故,我们必须学会随机应变,在极短的时间内想出应对之策。如果面对复杂多变的环境时能应付自如、游刃有余,就有可能化险为夷,甚至变坏事为好事,变被动为主动,成为走向成功的契机,达到最佳效果;反之,则有可能走向平庸,甚至失败。要想成功,就要有面对不同的人和环境、克服困难、适应新环境等见机行事、机智应变的能力。面对具有挑战性的环境,最好的方法就是随机应变、机智应对。在商战中,随着市场行情的变化,采取灵活多变的运作方式,是经营者取得成功的一个保证。

举世闻名的希腊船王奥纳西斯,在20世纪20年代曾经经营烟草生意。正当他的事业处于发展之际,1929年的经济危机像无情的风暴,把他和许多人的一切吞噬一空。在许多人相信世界末日为期不远的大混乱中,奥纳西斯却看到了危机后的复苏。他断定:谁要是趁今天的机会买进便宜货,到明天就能以几倍的高价把它们抛出去。但是,他购买的不是其他公司的股票,也不是破产企业的不动产,更不是许多人抢购的黄金,而是被人们看做最不景气的航海业的工具——轮船。第二次世界大战的爆发终于赐给了他神奇的机会,他的6艘船一夜之间变成了"浮动金矿",载着他驶向了成功的彼岸。

随机应变是一门艺术,虽然奥妙无穷,但也并不像九霄云烟,可望而不可及。它来自于一个人的知识积累、人情世故的练达。超凡脱俗的洞察判断能力是经过长期的生活和工作锤炼而成的。随机应变的能力对身处在领导阶层的企业管理者或商人来说,尤其重要。

8.舍得放下,综合衡量变革得失

【原文】

度量虽正,未必听也;义理虽全,未必用也。

【大意】

原则虽然正确,不一定被听从;道理虽然完备,不一定被采纳。

为什么会出现这种情况呢? 韩非子认为,因为我们有时总会徘徊在取舍之间,人与事总不能避免。事物的价值是体现在多方面的,常常是正价值(利)和负价值(弊)相互搀杂,此价值与彼价值相对立,因此须建立价值评估体系,综合权衡利弊得失,要考虑目标、手段、环境、时机、背景等因素。

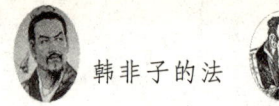

　　1978年,美国制药行业的领先者默克公司的一名科学家威廉·坎贝尔发现了一种针对动物体内寄生虫的药物,提出了应用于非洲河盲症的建议。此时,实验室主任罗伊·瓦格罗斯(专门负责合理使用投资人财产的执行官)却陷入了两难的境地:假如同意坎贝尔的要求,那就意味着他要代表默克公司和其他股东承诺开发一种无商业价值的产品(因为患者绝大多数是非洲的穷人,基本上无购买力);如果否决其建议,就会使一项能为上千万受病痛之苦的穷人解除痛苦的药物开发计划受挫。而在制药行业,每一项新药都要花费很多金钱和时间,当时判断大约要2亿美元和12年时间。如果从经济的角度看,开发这个新药肯定无利可图。可是一旦阻止,就会违背公司一贯倡导的"健康重于财富"的宗旨。

　　最后,瓦格罗斯在这两项冲突中,顶住了来自公司各方面的压力,同意了坎贝尔的要求。1987年,默克公司经过10年的努力,终于开发出了这种新药"麦可赞"。不出所料,其销量几乎为零。此时,已升任公司总裁的瓦格罗斯决定向那些买不起药的非洲穷人免费发放"麦可赞",到1997年,默克公司在这个药上的损失已达2亿美元之多。对此,瓦格罗斯的看法是:公司章程中明确指出,"默克公司的使命是为社会提供高质量的产品和服务",还有"为投资人提供高的投资回报率",但后者只有在前一条得以实现的基础上才能实现。"我们渴望实现利润",但利润必须"来自于顾客对我们工作的满意和我们对人类的贡献"。虽然有大量怀疑的声音质疑这些东西只是停留在口头上而非现实,但这的确是事实。

　　像这样的事,默克并不是第一次做。肺结核在第二次世界大战后曾一度肆虐日本,连年的战乱使大多数人无力购买链霉素——这是默克公司对付肺结核的一种药。最终,默克公司决定向日本人民大量捐赠链霉素。处在困难时期的日本人民牢牢记住了这一慷慨之举,因此,1983年默克公司寻求开拓日本市场时,日本政府打破惯例,批准默克收购日本第十大制药公司50.02%的股份,如今,它已是日本最大的美国制药公司。"只要认准了长期利益的道路,暂时的损失也是值得的。"当默克公司的管理者怀着这样的信念做出取舍时,他们发现,这些行动在潜移默化中能创造出一种积极向上的文化,树立企业形象,建立良好的声誉,这些收益能大大弥补收益的短期下降。

在评估一项活动的价值并准备做出取舍时,除了价值的大小、伦理因素外,还应考虑到其"后效应",即行动后所带来的其他影响。在追求价值时,有时会派生出一些不需要的东西,出现负效益、负价值,如治病吃药时的副作用。此时,考虑防止这些负价值的出现,或变负价值为正价值,就是我们需要注意的"第二价值"。像默克这样"失之东隅,收之桑榆"的结果当然是理想的,但还有许多"因小失大"的事例提醒着我们不能掉以轻心。

价值冲突是广泛存在的,除了像默克公司这样的内部冲突外,人们还遇到了诸如过分追求经济利益而导致能源过度消耗、自然环境急剧恶化之类的外部冲突,并为解决此类问题做了大量的努力。对冲突进行总结和思考后,你会发现:人类只有遵循"和谐"这样的价值逻辑,才能解决冲突,实现目标。

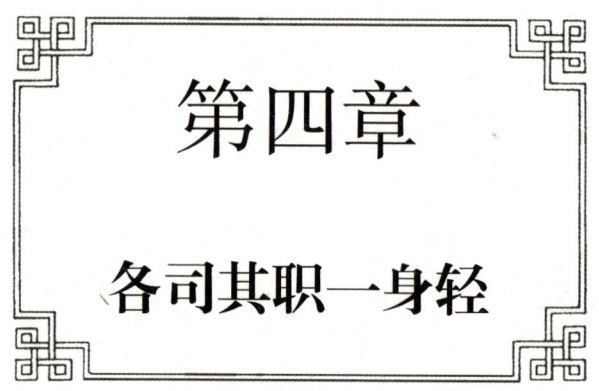

第四章

各司其职一身轻

1.远见卓识,明察秋毫

【原文】

智术之士,必远见而明察,不明察,不能烛私。

【大意】

通晓统治术的人,一定是有远见而明察的人,不明察,就
不能洞察隐私。

韩非子认为:英明的领导应该具备远见而明察的智慧。这句话说出
了成为一个优秀领导者应该具备的两个重要条件。

一个组织,不管是行政机关,还是企事业单位,如同海上的一艘航船,领导者就是这艘船上的船长,他的任务就是为组织指明发展的方向。领导者应该知道哪里有暗礁、哪里有浅滩,使组织安全快速地行驶在正确的航线上,还要对组织要达到的目标有清楚的认识。如果一艘船驶向大海,去追求财富,连方向都没有,或者只有一些含糊不清的概念,那么,组织眼前的行动就会失去根本依据。

为组织的未来设定战略目标和发展方向是领导者的重要职责之一。所以,领导者必须做到远见卓识而明察万物,洞察事态的发展趋势,提前做好规划和部署。

领导者必须具备洞察力,这种能力包括对事的洞察力和对人的洞察力。

对事的洞察力是指领导者对事物的本质及其发展变化趋势的认识和把握能力。目前,领导者所面对的组织内外部环境是不断变化的,能否做出适应环境变化的正确决策是决定组织存亡和领导成败的重要因素。而正确决策的前提就是对事物及变化趋势的准确预测和把握,只有在此基础上,才能在环境变化中抓住机遇,规避风险,成功地实现组织目标。

对人的洞察力是指对人的思想情绪、目的、愿望、能力和个性等个人特征的判断和分析能力。领导者的主要工作就是通过领导行为对他人实施影响,并通过这种影响来实现组织的目标。因此,实现有效领导的关键之一就是合理用人。对人才的合理使用离不开领导者慧眼识人的能力。这是领导者必备的基本素质。

领导者的成功离不开识人用人的魄力和勇气、战略的思考能力以及对全局的把握和控制能力,而这些能力都是以其敏锐的洞察力为基础的。一个缺乏洞察力的领导者既不能正确预见组织及环境的发展趋势进而制定正确的组织战略,又不能独具慧眼识人才,不拘一格用人才,这样的人自然不可能取得成功。因此,领导者要善于观察,善于从小事、细节

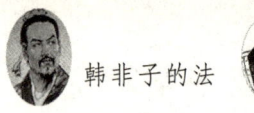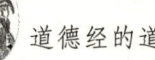

中发现问题。

　　领导者要能判断趋势,看对方向,这个方向就是势。如果能审时度势,一切都得来全不费工夫。审时度势说起来容易,做起来可就难了。度势的关键是什么? 是正确的判断。

　　《武侯兵法》中认为将帅有八恶,其中以"谋不能料是非"为首,并且在分析对敌作战时的"机势"时,主张要审视,掌握"事机""势机""情机",以免"事机作而不能应""势机动而不能制""情机发而不能行",从而丧失"立胜"的机会。所以,度势要具备正确的判断能力,才能够"伺机而动""随机应变""因机而取胜"。

　　正确的判断能力来自对三个方面的把握:一是权衡利弊。《孙子兵法·九变篇》上说:"智者之虑,必杂于利害。杂于利,而务可信也。杂于害,而患可解也。"因此要善于趋利避害,"两利相权取其重,两害相权取其轻"。二是分析对比。度势之前要广泛收集情报,再以科学的方法、客观的态度来作对比分析,以决定取舍,为度势做出正确的抉择。三是掌握时效。《武侯兵法》上说"计谋欲密,攻敌欲疾",度势运作中应重视争取时效,"对敌而发","悬权而动",争取先机。度势要以深思为准,速决为主,当断不断,反受其乱。

　　当年, 深圳海王集团公司总经理张思民在一个偶然的机会从有关专家那里得知了中国防治碘缺乏的现状和目标。根据一些国际组织的统计,全球生活在严重缺碘地区的人达10亿,而中国就达4亿之多。当时,中国有约60%的人生活在严重缺碘地区, 全国2000多个县中,1800多个县严重流行碘缺乏病。而碘缺乏的危害很大,它不仅会造成甲状腺肿大,还会对脑发育、对智力产生严重的影响。这一消息让张思民产生了沉重的社会责任感,中国没有聪明的下一代还怎么持续发展?于是,他下定决心,一定要找到一种有效、安全、科学的补碘途径,为中华民族素质的提高做一点贡献。

在论证这个项目时,张思民说:"开发出好的补碘药品对我们来说是一次良好的机会,在政府下定决心于本世纪末消除碘缺乏病的号召下,如果我们能制造出一种好的药品,海王岂不就有了良好的形象?中国有4亿人口缺碘,补碘的药品还愁没有销路吗?"立项以后,经过数以千次的实验,海王集团终于制造出了一种新型的防治碘缺乏的药物。张思民把这种产品定名为"海王金典"。他认为,人的智力比黄金还要宝贵。

作为领导者,如何做到审时度势呢?

(1)观察的客观性

在观察、认识问题时,必须客观地、本质地看问题,避免主观性、片面性和表面性。

(2)观察的全面性

事物是普遍联系的,要完整地把握一个事物,必须把握这个事物与其他事物多种多样的关系的总和。我们观察问题时,视野要开阔,搜集资料要全面细致,不仅要看到事实本身,还要注意事实与其他事物的关系;不仅要看到事物的正面,也要注意其反面;既不能看到事物的缺陷就攻其一点,不及其余,也不能看到事物的优点就一好遮百丑。

(3)观察的准确性

这就要求把握事物的基本特征,并能分辨出事物的细微差别。

(4)观察的快速性

快速性是度势敏锐性的一个突出标志。迅速地发现问题,抓住实质,做出判断,是见微知著的前提,也是领导多方面素质的综合体现。观察的快速性要求领导者要思维敏捷、反应迅速,在头脑中对信息的吸收与消化、对经验的综合和运用、对事物未来发展趋势的估计和对策的选择,以及可能出现的各种复杂情况都要能在瞬间完成。其思维特点和表现形式是注意力高度集中、思路清晰、判断准确迅速,表现出敏锐的洞察力。

明察秋毫，这是领导者应该具备的另外一个重要本领。明察秋毫的素质可以帮助领导者看清事物的本原以及发展态势，从而做到高瞻远瞩、远见卓识。

在商界，一个善于管理的人要明察所管理企业的实际情况。管理的前提在于认清事情的是非，考察企业的发展方向。在管理中，存在着很多假象，有些是人为造成的，有些是客观造成的。因此，领导者能否辨明假象，就成了管理能否成功的关键，而领导者自身的素质和能力的提高也就成为了分辨真假以及做到实事求是的前提。

唐朝的时候，武则天病重，宰相张柬之等人密谋诛杀武则天的嬖臣张易之、张昌宗等人，后来发动政变，中宗复位。姚崇当时任灵武道大总管，从屯兵之处返回京城，参与了密谋商议，后因为有功被封为梁县侯。

武则天被迫禅位，迁回上阳宫。五公（张柬之、桓彦范、崔玄晴、袁恕己、敬晖五人因参加政变有功赐封郡公，又称五王）为此弹冠相庆，只有姚崇一个人痛哭流涕。张柬之等人问他："现在哪里是哭的时候？你恐怕会因而招祸啊！"姚崇说："我参与了讨伐叛逆，算不上功劳。然而想到长期侍奉武则天，如今这样做，是违背旧主啊！做人臣的应当善始善终，就是因此而获罪，我也心甘情愿。"后来，武三思与韦后专权，五王被害，只有姚崇幸免。

冯梦龙著有《智囊》，他对于这件事评论说：武后被迫禅位，五王弹冠相庆，姚崇独自流涕。董卓被诛杀，百姓欢歌，只有蔡邕痛哭。两件事看似相同，祸福却不同。就因为武则天是君主，董卓是臣子；姚崇是为公，而蔡邕是出于一己之心。蔡邕叹息时，是他感恩之情的真实流露；姚崇痛哭流涕，是他免遭祸殃的权术而已。姚崇料知武后的侄子武三思还在朝，事情并未结束，日后可能报复，所以才会有此举动。

做人一定要能够远见卓识而明察万物,通过对事物积极、敏锐、全面的观察、了解和预测,估计出"势"运动变化的趋向和力度,从而使自己的行为跟上形势、适应形势。这样,既能够防范和避免失败、死亡等致命打击,又能够抓住机会以大显身手。

2.擦亮眼睛,识别小人

【原文】

凡奸臣皆欲顺人主之心,以取亲幸之势者也。是以主有所善,臣从而誉之;主有所憎,臣因而毁之。

【大意】

凡是小人奸佞们都会想借由顺从领导者的心意,来取得信任与宠爱。所以领导者喜欢的,他们就会吹捧;领导者讨厌的,他们就会诽谤。

小人一般不会有很明显的特征让我们去辨认,所以短时间内难以认清其真面目。但正所谓日久见人心,随着时间的推移,他们迟早会露出狐狸尾巴。

一天,新来的三位幕僚拜见曾国藩,见面寒暄之后退出大帐。有人问曾国藩对此三人的看法。

 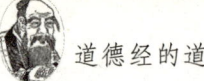
　　曾国藩说:"第一人,态度温顺,目光低垂,拘谨有余,小心翼翼,乃一小心谨慎之人,适于做文书工作。第二人,能言善辩,目光灵动,但说话时左顾右盼、神色不端,乃属机巧狡诈之辈,不可重用。唯有这第三人,气宇轩昂,声若洪钟,目光凛然,有不可侵犯之气,乃一忠直勇毅的君子,有大将的风度,其将来的成就不可限量,只是性格过于刚直,有偏激暴躁的倾向,如不注意,可能会在战场上遭到不测的命运。"这第三者便是日后立下赫赫战功的大将罗泽南,后来,他果然在一次战争中中弹而亡。

　　还有一次,李鸿章向曾国藩推荐三个人,希望曾国藩能给他们分派一份适合的职务。但不巧的是,他去的时候,曾国藩恰好去散步了,于是,李鸿章示意三人在厅外等候。

　　曾国藩散步回来,李鸿章说明来意,并有意让曾国藩考察一下三个人的能力,到时也好按能力、人品、学识给他们安排合适的职位。曾国藩讲:"不必了,面向厅门、站在左边的那位是个忠厚人,办事小心,让人放心,可派他做后勤供应之类的工作;中间那位是个阳奉阴违、两面三刀的人,不值得信任,只宜分派一些无足轻重的工作,担不得大任;右边那位是个将才,可独当一面,将来作为不小,这样的人才能委以重任,才不会误了社稷苍生。"

　　李鸿章闻听此言,大吃一惊,问曾国藩是何时考察出来的。曾国藩笑着说:"刚才散步回来,见到那三个人,走过他们身边时,左边那个低头不敢仰视,可见是位老实、小心谨慎之人,因此适合做后勤一类的工作,我相信他不会中饱私囊,会兢兢业业地干好;中间那位,表面上恭恭敬敬,可等我走过之后,就左顾右盼,可见是个表里不一、阳奉阴违的人,因此不可重用;右边那位,始终挺拔而立,如一根栋梁,双目正视前方,不卑不亢,是一位大将之才。"

　　李鸿章照曾国藩的话去做,果不其然,三个人都如他所料,物尽其用。其中那个拥有才学之人,正是淮军勇将、后来的台湾巡抚刘铭传。

只有了解他人,才能把握对方的人格之高下、品质之优劣、行为之美丑,做到有针对性,或者坦诚相待,或者持有戒心,从而做到防患于未然。然而,认知他人并不容易。俗语说:"画虎画皮难画骨,知人知面不知心。"这是一个复杂的过程,通常需要根据主要的信息来判断,主要包括:被认知者的外貌、言行、姿态等;认知者与被认知者互动的情境,被认知者所具有的角色;认知者本身的成见以及概念系统的简单与复杂程度也会对认知者产生巨大影响。

要正确了解、判断一个人,不能只凭一行、一言、一事的外在表现,而要透过现象看本质,注意他对那些身处逆境或地位低下的人的态度。在具体的人际交往中会有各种不同的情况出现,具体问题需要具体实践。

有些人装出一副道貌岸然、和蔼可亲的面孔,背地里却可能隐藏着不可告人的秘密。外表上对人极尽夸赞逢迎,暗地里却耍尽手段,要么使人前进不得,要么使人船翻人覆。对于这种"当面说好话,背后下毒手"的人,我们在生活中一定要认识清楚,提高警觉。

3.各司其职,知人善任

【原文】

下君尽己之能,中君尽人之力,上君尽人之智。

【大意】

昏庸的君主竭尽自己的才能,普通的君主竭尽众人的力量,贤明的君主竭尽众人的智慧。

　　韩非子的老师荀子认为,做帝王的,以善于管理别人为才能;普通的人,以自己能做事为才能。韩非子继承了老师的观点,将君主分为三个等级,认为君主所要做的事只是管理好臣下,借助他人的智慧与力量来完成自己的事业。

　　治理国家不是君主一个人能够做好的,君主首先要明确分工职能,君臣上下各司其职,让各人都处在自己合宜的位置上。

　　一位商界著名人物,也是银行界的领袖曾说,他的成功得益于鉴别人才的眼光。这种眼力使得他能把每一个员工都安排到恰当的位置上,并且从来没有出过差错。不仅如此,他还努力使员工们知道他们所担任的位置对于整个事业的重大意义。这样一来,这些员工无需别人的监督,就能把事情办得有条有理、十分妥当。

　　但是,鉴别人才的眼力并非人人都有。许多经营大事业失败的人就是因为他们缺乏辨识人才的眼力,常常对能力平庸的人委以重任,却冷落有真才实学的人。

　　其实,他们一点都不明白,一个所谓的干才,并不一定要把每件事情都干得很好,做到样样精通,他只要能在某一方面做得特别出色就行了。比如说,对于一个会写文章的人,我们可以将其视为干才,但他不一定能成为一个合格的管理人员。想要成为一个优秀的管理者,他必须在分配资源、制订计划、安排工作、组织控制等方面有专门技能,但这些技能并不是一个善写文章的人必须具备的。

　　世上成千上万的经商失败者,都败在他们把许多不适宜的工作强加到雇员的肩上,却不管他们是否能够胜任,是否感到愉快。

　　想要真正做到知人善任,管理者首先要能辨别人才,然后对人才进行分类,根据他们的性格类型和行为风格进行工作的分配,这样才能真

正做到各司其职、各展其才。

人的行为风格可分为以下四类:分析型、推动型、表现型及温和型。

(1)分析型

他们是完美主义者,事事力求正确,精于建立长期表现卓越的高效流程。但他们的完美倾向会导致大量繁文缛节,做事喜欢固守陈规。因此,不要指望这些谨小慎微的人会果断决策。这类人总是搜集尽可能多的信息,权衡各种选择,甚至一些不可能的选择,他们常常苦于决策。

分析型的人喜欢独立行事,不愿意与人合作。尽管他们性情孤傲,但令人惊喜的是,患难之中却最见其忠诚。

(2)温和型

他们适合团队工作,喜欢与人共事,尤其是人数不多的团队工作或两人合作。这类人淡漠权势,精于鼓励别人拓展思路,善于看到别人的贡献。由于能坦诚对待别人的意见,所以他们能从被其他团队成员随手否决的意见中发现价值。

温和型的人总在团队中默默耕耘,他们的幕后贡献使他们成为团队中的无名英雄。这种无私的奉献固然伟大,但他们可能会走极端,只顾别人却忘了及时完成自己的工作。

温和型的人比较适合在稳定的、企业组织架构清晰的公司中工作。一旦他们的角色界定、方向明确,他们会坚定不移地履行自己的职责。

(3)表现型

这类人爱炫耀,好出风头,喜欢惹人注目,是天生的焦点人物。

表现型的人活力十足,精力充沛,所以总喜欢忙个不停。但他们偶尔也会因为缺乏外界的刺激而显露出疲态。

表现型的人好冲动,常常在工作场所给自己或别人惹麻烦。他们喜欢随机做事,不爱计划,不善于管理时间。他们能抓大局,不注重细节,喜欢把细节留给别人去做。

(4)推动型

推动型的人注重结果,是这四类人中最务实的。他们喜欢很实际的目标,然后付诸实践。他们极其独立,喜欢自己定目标,不愿别人插手。

善于决断是其显著特点。推动型的人无论表达意见还是提出要求,都很直率。他们实干但不囿于琐事,理智但不迂腐。

推动型的人看重眼前实际,很少理会理论、原则或情感,懂得随机应变。但这类人有时太好动且行动迅速,所以常常会因仓促而走弯路,从而带来一些新问题。

很多精明能干的总经理、大主管在办公室的时间很少,自己常常外出旅行或打球,但他们公司却丝毫未受不利因素的影响,公司的业务仍然像时钟的发条机制一样有条不紊地运行着。他们如何能做到这样省心呢?他们有什么管理秘诀呢?没有别的秘诀,只有一条:他们善于把恰当的工作分配给最恰当的人。

如果你挑选的人才与你的才能相当,那你就好像用了两个人;如果你挑选的人才,尽管职位在你之下,但才能却远胜于你,那你的用人水平真可算是高人一等。

韩非子用了一个比喻来说明:让公鸡打鸣报晓,让猫捕捉老鼠,公鸡和猫各干各的活一点都不费劲,这是它们的本能。如果使用大臣也能像这样充分施展他们的才能,君主就可以虚静无为了。

一个贤明的管理者应该知道,跟不同风格的人共事不一定是坏事。只要各自的工作风格能够珠联璧合,配合得天衣无缝,他们的合作就会强而有力。管理者不仅应该细心研究自己及周围人员的性格特点、工作作风以及心理状态,更应做到因地制宜、对症下药,这样工作起来才能得心应手、事半功倍。

4.善于授权,事必躬亲没必要

【原文】

明君无为于上,君臣竦惧乎下。明君之道,使智者尽其虑,而君因以断事,故君不躬于智;贤者勅其材,君因而任之,故君不躬于能;有功则君有其贤,有过则臣任其罪,故君不躬于名。是故不贤而为贤者师,不智而为智者正。臣有其劳,君有其成功,此之谓贤主之经也。

【大意】

明君在上面无为而治,群臣在下面诚惶诚恐。明君驾驭臣下,使聪明人竭尽思虑,君主据此决断事情,所以君主的才智不会穷尽;鼓励贤者发挥才干,君主据此任用他们,所以君主的能力不会穷尽;有功劳则君主占有贤名,有过失则臣下承担罪责,所以君主的名声不会穷尽。因此不贤的却是贤人的老师,不智的却是智者的君长。臣下承担劳苦,君主享受成功,这就叫贤明君主的常法。

君主驾驭群臣的道术,韩非子称为"主道"。这个"道"是从老子虚静无为、谦退自持的思想中引申出来的,但韩非子把老子的无为之术做了进一步的发挥,体现在两方面:一是"使智者尽其虑,而君因以断事";"贤者勅其材,君因而任之",君主则不用亲临百事,以达到"有功则君有其贤,有过则臣任其罪"的效果。也就是说,让君主充分利用下属的智慧来

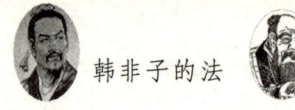

做事。

韩非子在《主道》中讲："明君无为于上，君臣竦惧乎下。"这种无为而治的思想与当今管理界"管理的最高境界就是去除管理"的理念有异曲同工之妙。

荀子和刘向都提出过"知人是君道，知事是臣道"的思想，教导领导们要发挥人才的作用，不要小大不捐，事无巨细都一个人去完成。所以说，会办具体事的人只是办事的人，而会使用人办事的才是真正的领导者。

楚汉相争的初期，刘邦和项羽的实力差距很大，刘邦之所以能打败项羽而得天下，关键就在于他善于用人。他的才能比不上萧何、张良、韩信等人，但他只要有一样才能就足够了，那就是用好萧何、张良、韩信这些人。汉高祖说："运筹帷幄之中，决胜千里之外，我不如张良；定国安邦、安抚百姓、供应军需、保证粮道畅通，我不如萧何；统领百万大军，战必胜，攻必克，我不如韩信。这三个人都是人之精英。但我的本领就是会使用他们，这就是我能够夺取天下的原因。"

成就事业者不但要重视人才，更要善于统驭人才，使他们有机组合，提高他们的凝聚力，增强自己的实力，这样才能成就非凡的功业。荀子说："做帝王的，射箭要想百发百中，自己射就不如用后羿；要想驾车驰骋万里，就不如用王良；治国要想一统天下，就不如任用贤能之人。这样做省心省力，所取得的成就却极大。"

领导者是元帅，不需要去冲锋陷阵，但要学会选好兵、用好将。这样的兵和将在你身边越多，你的发展就越没有限制。事业要发展，必须要用人得当，没有人才的保障，就不可能一步一步把事业推向壮大。

现代领导者需要从韩非子《主道》中领悟领导有方与用人得当的智慧。有些领导在工作中喜欢大包大揽，希望公司里的每一件事情经过他

 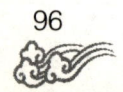

的努力,都能够顺利地完成。但事实上,这种愿望是好的,结果却常常不如所愿,甚至适得其反。

一个领导者事事躬亲是一件美德。这种美德可以作为企业的精神和文化去宣传和教育推广,却不适合在实际的管理运用层面去倡导。作为一个领导者,"有权不授"并不可取。你要知道,控制得太紧,就会令下面的刀剑失去光彩,如果只你一把剑有光彩,周围的剑都暗淡无光,这种风险和代价也是很高的:万一你这把"剑"哪一天退下来了,企业该怎么办呢?你如何保证组织成员的顺利接班、良性更替与持续发展呢?

在人们的眼里,蜀国的宰相诸葛亮是智慧的化身,并且非常勤政,连他自己都说:"鞠躬尽瘁,死而后已。"但是他也有一个缺点,就是事必躬亲。蜀军上上下下,事无巨细,都由他亲自过问、领导、布置,小到军队的钱粮支出,他都要一一审查。蜀国的大小将领,也都机器般地听从他的调遣。可以说,一切都在诸葛亮的掌握之中。

诸葛亮凡事亲力亲为,从不相信别人,比如对待李严。李严在刘备眼里,其才能仅次于诸葛亮,刘备在临终时说:"严与诸葛亮并遗诏辅少主,以严为中督护,统内外军事,留镇永安。"

刘备的目的很明确,就是让诸葛亮在成都辅刘禅主政务,让李严屯永安拒关并主军务。诸葛亮秉政后,本应充分发挥好李严等人的作用,但他仍是事无巨细,都要亲自过问,惹得李严非常不高兴,矛盾也由此日渐加深。后来,诸葛亮以第五次北伐为借口削了李严的兵权,调其到汉中做后勤工作。之后又由运粮事件,"废严为民,徒梓潼郡",自己亲自担任运粮官,结果导致五丈原对峙旷日持久,军心涣散。司马懿闻后断言:"亮将死矣。"果如其言,不久,诸葛亮就被活活累死了。

因此,身为领导者,权力欲望不能太强。如果领导者总是认为自己能

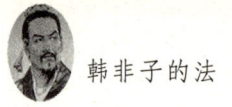
力很强,处处要求别人按照其设定的要求行事,甚至事事躬亲,必然会削弱组织的活力、创造力。所谓事必躬亲,是指领导者什么事都抓,什么事都管,没有巨细之分。事必躬亲的唯一好处也许就是让人敬佩领导者的责任心,但其弊端就太多了,主要有以下几点:

(1)事必躬亲会占用领导者大量的时间与精力,这不利于他集中力量对组织的全局性工作做深思熟虑的思考,结果可能会抓了芝麻,却丢了西瓜。领导者在组织中发挥的应该是"脑"的作用,而不是"手"的作用。

(2)领导者事必躬亲会阻碍下属智能和潜力的发挥。本来属于下属分内的事,领导代劳了,下属就不用花什么心思了。而且,决定权在领导手上,即便自己想用其他的做法也不行,这就阻碍了下属的创新意识。

(3)领导者事必躬亲会使一些下属产生厌恶的情绪。例如,下属之间发生矛盾,本来可以自己解决,领导自认为应该出面进行干涉,在不了解起因的情况下,可能会做出不公正的判断,使遭到不公平待遇的下属产生怨恨的情绪,进而使其工作积极性大减。

(4)事必躬亲会让下属产生一种不良的依赖习惯,什么事都要等领导来解决,你想不管都不行。

美国著名的杜邦公司的第三代继承人尤金·杜邦,是个典型的喜欢事必亲躬、大包大揽的人。

尤金·杜邦在掌管杜邦公司之后,坚持实行一种"凯撒式"的经验管理模式,"一根针穿到底",对大权采取绝对控制。公司的所有主要决策和许多细微决策都要由他独自制订,所有支票都得由他亲自开,所有契约也都得由他签订;他亲自拆信复函,一个人决定利润分配,亲自周游全国,监督公司的好几百家经销商;在每次会议上,总是他发问,别人回答。尤金的绝对式管理,使杜邦公司组织结构完全失去了弹性,很难适应变化,在强大的竞争面前,公司连遭致命的打击,濒临倒闭边缘。

与此同时,尤金本人也陷入了公司错综复杂的矛盾之中。1920年,尤金因体力透支去世,合伙者也均心力交瘁,两位副董事长和秘书兼财务长最终相继累死。

显然,最终将领导者击垮的不是那些看似灭顶之灾的挑战,而是一些微不足道的鸡毛小事。追其根由,就在于企业领导者不善于授权。

5.领导者必须要抓的几种"大权"

【原文】

毋弛而弓,一栖两雄。一栖两雄,其斗嗷嗷。豺狼在牢,其羊不繁。一家二贵,事乃无功。夫妻持政,子无适从。

【大意】

不要放松你的弓,防止一个窝里有两只雄鸟。一窝栖居双雄,必然大肆争斗。豺狼在羊圈里,羊就不会增多。一家有两个尊贵的,事情就会没有成效。夫妻共同当家,孩子就无所适从。

在《韩非子·扬权》篇中出现了两个非常生动的比喻:一个鸟巢里不能有两个雄鸟,否则就会不停地打斗;豺狼不能关进羊圈里,否则小羊的数量就不会增加。这两个比喻具有强烈的感染力。韩非子早就意识到,君臣的权力平衡是一个非常重要的问题,君主必须站在统筹的高度,以平

衡、牵制的技巧统驭臣子。尤其是能臣，更要御之有术，否则就会节外生枝，生出乱子，危害君主的帝业。

权力失去制衡会导致高风险。秦始皇严格按照法家思想行事，集权统治，终于取得了一统天下的业绩。到了秦二世时，他同时重用赵高、李斯二人，使此二人相争，自己处于平衡斗争的地位。这是后世帝王控制大臣时广泛使用的方法，秦二世在这方面也许具有开创之功。

秦二世始终想使二人的势力处于一种平衡的状态，不肯轻易地打破。因此，当二人互相攻击对方谋反或者不忠时，秦二世在一段时间内总是不置可否。李斯的存在显然危害到了赵高的利益，因此，赵高利用二世怕别人危害自己统治地位的心理，设计陷害李斯，将李斯投入了监狱，并严刑拷打，使得李斯屈打成招，自承谋反。秦二世信以为真，斩了李斯一门，自己破坏了这种平衡，使得权力集中于赵高手中。

除掉李斯之后，赵高又陆续把秦二世身边的大臣挨个清除，等到时机成熟后，他便发动宫变，处死了秦二世，秦二世也成了中国历史上第一个被大臣处死的皇帝。

到了西汉刘邦时，刘邦采取"以臣制臣"的平衡策略，自己手中紧紧扯住群臣互相牵制的绳子，轻轻一拉就能万事大吉。以张良、萧何、韩信为例，张良善于出谋划策，刘邦就把他留在身边，充当高级参谋，随时献计献策；萧何行政经验丰富，为人沉稳，有长者风范，所以就让他驻扎后方，抚慰百姓，随时供应粮草物资，支持前线的战争；而韩信善于统兵打仗，刘邦就让他征战沙场。这样就使他们各司其职，发挥各自特长。

这种分工也使得他们相互牵制，不会威胁到刘邦的领导地位。张良虽然谋略出众，但是没有军队，也没有粮食物资；萧何虽然坐镇后方，但是没有军队，成不了什么气候；还有韩信，虽然有大将之才，身边也有一些谋士,可是少了粮食物资的支持,几十万军队照样玩不转。所以,虽然汉初三杰都有独当一面的大才,甚至萧何与韩信都有自立的机会,但他们在刘邦这种权力制衡的设计下,只能老老实实地为刘邦卖命。

现代管理都在强调授权,但在授权的同时也不能忽视对权力的制衡。以关羽和刘备的关系,以荆州军事地理位置的重要性,不问可知,关羽必然得到了充分的授权,拥有相当的权限。但这种权力却并没有得到有效的制衡,使权力失去了控制,才会有关羽擅自出兵,大意失荆州。

当今社会,"监督"一词时常出现。哪里出了问题,首先想到的就是"监督有问题""监督没有到位"等,在管理制度建设上也常常强调"如何加强和完善监督制度"。其实,我们身边的监督制度并不少,但为什么仍不能有效防止权力的滥用和腐败呢? 其原因就在于仅仅是权力的监督而不是权力的制衡。

在现代管理中,权力约束最主要的形式是权力制衡,权力监督只是一种从属性的权力约束。从逻辑上说,权力监督中的权力是一种外在的权力,同时,由于监督权本身也是一种权力,它也必须受到监督,于是就会产生一种监督权由谁来监督的问题。而权力制衡中的权力则不同,它是一种内在的权力,能更为有效地约束权力的使用。

因此,领导者必须在充分授权的同时紧抓几项重要的大权,将控制全局的"风筝线"攥在自己手中,才能有效实现权力的制衡。

(1)财权

钱是企业的命脉。高层领导必须清楚地掌控资金的大方向,并且关键时刻能够自由调动,而那些财务细节完全可以让财务总监去管理。

华为老总任正非以低调朴素著称,总是穿着发皱的衬衣在深南大道上锻炼,经常被人误认为是老工人,他还用过很长时间的10万元处理车,

后来还是其他领导劝他买一辆好一点的,万一出车祸可以扛一下,他才将那辆车换掉。

这样"抠门"的一个人抓华为的钱袋,华为人能有好日子吗? 事实恰恰相反,任正非调动上亿资金时,眼都不眨一下。

1996年,华为在开发上投入了1亿多元资金,年终结算后发现还节约了几千万。任正非知道后说了一句话:"不许留下,全部用完! 开发部最后只好将开发设备全部更新了一遍,换成了最好的。"

任正非甚至提出了"不敢花钱的干部不是好干部""花不了的要扣工资"等理念。

(2)人事任免权

这主要涉及非常重要的人事调动和安排。

诸葛亮曾说:"夫兵权者,是三军之司令,主将之威势……若将失权,不操其势,亦如鱼龙脱于江湖,欲求游洋之势,奔涛戏浪,何可得也。"意思是,兵权就是将帅统率三军的权力,如果失去了这个权力,就好像鱼、龙离开了江河湖海,若想在海洋中自由遨游,在浪涛中奔驰嬉戏,那是不可能的。

这段话一针见血地指出了一个问题,就是兵权对于将领的重要性。一员将领假如失去了兵权,任凭多么具有雄韬伟略,也只能是毫无作为。

1996年,本田City在亚洲地区上市,很快成为销售量增长最快的车型系列,深受年轻人的追捧。其实,这款车型是本田公司第三任社长久米抗住巨大压力才争取到的。制订出战略计划之后,他亲自选定了开发小组的成员。让董事会吃惊的是,这些成员都是20多岁的年轻人,部分人甚至没有过重大项目经验。

有些董事担心地说:"都交给这帮年轻人,没问题吧?""会不会弄出稀奇古怪的车来呢?"

但久米对此根本不予理会。他既然坐在社长的位置上,就要充分行使自己的大权。不久之后,凝聚了一群年轻人智慧的本田City华丽登场了,这款车车型高挑,打破了汽车必须呈流线型的常规,一上市就受到了年轻人的青睐。

久米用事实证明了自己的眼光,也捍卫了自己身为社长应该享有的权力。

(3)最终决策权

管理者经常会遇到这种情况:新的意见和想法一经提出,定会有反对者。其中有对新意见不甚了解的人,也有为反对而反对的人。在一片反对声中,领导者犹如鹤立鸡群,陷于孤立之境。

这个时候,不要害怕孤立,对于不了解的人,领导者要怀着热忱,耐心地向他说明道理,使反对者变成赞成者;对于为反对而反对的人,任你怎么说,恐怕他们也不会接受,所以,干脆不要寄希望于他们的赞同。重要的是你的提议和决策是对的,只要真理在握,就应坚决地贯彻下去。

美国总统林肯上任后不久将6个幕僚召集在一起开会,讨论他提出的一个重要法案。幕僚们的看法不统一,7个人激烈地争论了起来。在最后决策的时候,6个幕僚一致反对林肯的意见,但林肯仍固执己见,他说:"虽然只有我一个人赞成,但我仍要宣布,这个法案通过了。"

表面上看,林肯这种忽视多数人意见的做法有点独断专行。其实,林肯已经仔细地了解了其他6个人的看法并经过深思熟虑,认定自己的方案最为合理。

而其他6个人持反对意见只是一个条件反射,有的人甚至是人云亦云,根本就没有认真考虑过这个方案。

既然如此,林肯自然应该力排众议,坚持己见。

决断,是不能由多数人来做出的;多数人的意见虽然要听,但做出决断的,只能是一人。

作为掌握企业大权的高层领导,既要"厚德载物,以理服人",也得做到"该出手时就出手",当机立断。没有这种强势的姿态,就做不成事情。

(4)知情权

即使某些时候不参与决策,把权力交给其他人,对所做的决策也应该详细了解。

6.言行谨慎,不露心迹

【原文】

君无见其所欲,君见其所欲,臣自将雕琢;君无见其意,君见其意,臣将自表异。故曰:去好去恶,臣乃见素;去旧去智,臣乃自备。

【大意】

君主不要显露他的欲望,君主显露他的欲望,臣下将自我粉饰;君主不要显露他的意图,君主显露他的意图,臣下将自我伪装。所以说:除去爱好,除去厌恶,臣下就表现实情;除去成见,除去智慧,臣下就戒饬自己。

韩非子在《主道》一章中提出：君主要城府深，不表露自己的内心，让臣下捉摸不透自己，这样才能看清臣子的真正面目。君主为何要玩深沉呢？因为"上有好之，下必甚焉"。为了使自己的利益最大化，下属总是喜欢揣摩上司的心思，并按上司的意愿行事。所以，信奉"人性恶"的韩非子强调君主要隐藏好恶，不作自我表现。因为君主一旦作自我表现，向人透露他的喜怒好恶，下面的臣子就会为了自己的私利，用各种方法去包围、逢迎、欺骗、坑害君主。因此，君主必须言行谨慎，高深莫测，不露心迹。这样既能暗中察视臣下，又能防止臣下钻空子蒙蔽自己。

韩非子在《外储说右上》里面讲了一个"薛公献珥"的故事：靖郭君田婴是齐宣王的宰相，封于薛地，人称薛公。他想探知齐宣王打算在十个爱妾中立谁为夫人，又不便明问，就做了十只玉珥，把其中一只做得特别精美，一起献给宣王。这样，只要看到最美的玉珥由谁佩带，就可以知道宣王会立谁为夫人了。

这是一个多么精明的投机者啊。韩非子用这个故事来说明，君主如果表现出个人的爱憎，臣下就会加以利用而投其所好。这样，君主就会因听不到不同的意见、了解不到真实的情况而被迷惑。因此，君主要慎言慎行，防止这种情况发生。

工作当中，很多时候都是说者无心、听者有意，有一些话，领导者是千万说不得的。因为对下属说一句这样的话语，很容易将自己的形象彻底颠覆；对同事说一句这样的话语，会激发矛盾，产生误解；对上司说一句这样的话语，可能意味着你该调整岗位了。

"不关我的事"

身为管理者，只要是公司的事情，事无巨细，都有一份责任。即使完全在职责之外，你也应态度和蔼地给予一些指引，这样能表现出自己的

成熟大度和礼节。

"为什么你们……"

在责问别人时，想一想自己有没有什么过失，尽了多少力、多少心。有时，宽容地对待别人的错误能使人更加振作、更加进步。用一连串"为什么"向人发难，得到的也可能是一连串"为什么"的答案。反过来问："为什么我没有配合好你们？你们有什么地方需要我？"也许事情会解决得更快一些。

上面怎样骂我，我就怎样骂你们

作为领导者，起的是一个上传下达的桥梁作用，但这绝不只是一个简单的传递。对上，要忠诚尽责，完成任务；对下，要想方设法，给予激励、帮助和支持。敢于承受来自上面的压力，担负起责任，善于缓和下级的紧张，创造和谐的工作环境，才是一个领导者最应该做的事情。

"我也没办法"

领导者的能力，从某种方面来说，是用解决问题的能力来衡量的。只会强调客观原因，不会以积极的心态去调动一切可用的资源，显露出来的肯定是无可奈何和对上级以及下属的打击。要相信办法总是比困难多，相信集体的智慧可以攻克一切壁垒。

"我说不行就不行"

以自我为中心的话语，与事实没有合理性的解释，很难服众。凡事不能以事实为依据，不能本着商讨的态度来解决，可能会使事态进一步恶化。其实，即使是错的意见，听听也无妨，应该本着有则改之、无则加勉的心态来对待自己和别人。片面地做出判断，说不行就不行，未免太过武断。一定要有科学的分析和依据，这样才能降低判断结果错误的风险，保证判断的正确性。

"你说怎样就怎样"

这听起来像一句气话，很不负责任。在产生一些争议时，当一些意见没有被采纳时，这样的话脱口而出，听者会认为你的见解毫无价值，即使原本

认为你的看法有可接受的地方,听了这句话后也会全盘否认,甚至从此不再向你征询意见。保持冷静的头脑和清晰的思维,说出所有的想法,提供参考,不因没有被采纳而太过激动,是一个领导者必须具备的良好品性。

"我随时可以怎样"

强权气势的话语,会让人有一种很不舒服的感觉,换句话来说,你以为你是谁?你想怎样就怎样,你到底有多大的能耐?以势压人,只会贬损个人形象,在大家心中埋下抱怨的种子。这种抱怨,一旦爆发,其威力之大是无法想象的。所以,保持平易近人,多尊重他人,是自己尊严的体现。

"你真的很笨"

奚落、讽刺、挖苦员工的话语会伤害员工的自尊及感情。"哀莫大于心死",表面上,员工在按你说的去做,但实际上,他只是在敷衍了事,因为他根本体会不到工作的乐趣,如此,工作质量肯定不高。同时,因为奚落、讽刺、挖苦更多的是伤害员工的心灵,长此以往,员工的自尊被摧毁,自信被打击,智慧被扼杀,工作只会越做越差,甚至最后抱着"死猪不怕开水烫"的态度,这对员工、领导者和企业都是不利的。

"不行啦,我能力有限,谁行谁来做"

如果是真正认识到自己的能力有限,能够迎头赶上,自我充电,或许可说是一种有自知之明并且有上进心的表现,这也算是一大幸事。但如果是用这句话来抵触工作,嘲笑挖苦他人,掩饰自己内心的慌张,全无挑战工作的意识,则可以说,说这句话的领导者无形中已丢失了一个管理人最基本的素养,他已不配再做领导者。

"都很好""蛮不错"

泛泛的表扬,既缺乏诚意,又不能振奋整体、激励个体。没有人喜欢廉价的、言不由衷的恭维,因此,表扬的言语策略应该是及时、有代表性、有充实具体的内容,能够体现被表扬者的风貌。不实的表扬表现在用夸大的言辞去称赞不足为奇的小事,有用心炮制的嫌疑,该类表扬的危害

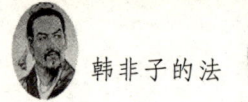
在于,只令被表扬者高兴,而令所有其他人反感。极力吹捧的行为往往会导致民心的背离,因此,在人才管理中,及时且适度的赞美言辞是领导者必须掌握的一门学问。

7.善于激起良性竞争

【原文】

诸侯之博大,天子之害也;群臣之太富,君主之败也。

【大意】

诸侯强盛壮大,是天子的祸害;群臣太富贵,是君主的失败。

下属之间总是存在着各种不同的矛盾,对这种矛盾善加利用,可以达到平衡牵制的目的。

宋岩是一家公司的领导,近来,他属下的一个子公司的下属总是完不成定额。原因是,子公司的下属分为白班和夜班两组,这两组人员平时常常发生冲突,谁也不把谁放在眼里,在工作上,他们也是不断较劲,看到白班的下属工作散漫、不认真,上夜班的人当然不愿吃亏,比白班更散漫。这样下去,工作自然很难完成。

该公司的领导几乎用尽了一切办法——劝说、训斥,甚至以解雇相威胁,但都无济于事。鉴于此,宋岩决定亲自到该公司处理这件事。

宋岩在该公司领导的陪同下到公司巡视。这时,正好是白班下属下班、夜班下属接班的时候。宋岩问一位下属:"你们今天炼了几炉钢?""6炉。"白班下属回答道。

宋岩听了下属的话,一句话也没说,拿起笔在公司的公告栏写了个"6",然后就离开了。夜班下属上班时,看到公告栏上的"6"字,不知道什么意思,就去问门卫,门卫把领导到公司视察写下"6"的经过讲述了一遍。听完,夜班下属不服气地想:这不是明摆着给我们难看,让我们下不来台吗?于是大家一起努力,到白天交班的时候,他们在公告栏上写上了一个"8"。

时间一长,这两组员工的最高日产量竟然达到了16炉,是过去日产量的3.2倍。这个平日里落后的子公司的产品质量也很快超过了其他公司。

宋岩利用人的好胜心理,激起了下属之间的良性竞争,不仅巧妙解决了该公司完不成定额的问题,还使下属处于自动自发的状态,促进了企业的健康发展。

作为企业的领导,对待冲突不可放任不管,也不可采取全部抑制的态度。不仅要积极预防人际冲突的产生,还要积极处理冲突,更要激发良性冲突,抑制消极性后果的产生,推动积极性后果的产生。

具体有以下方法:

(1)创建正确完善的业绩评估机制。要以实际业绩为根据来评价下属的能力,不可根据其他下属的意见或领导的好恶来评价下属的业绩。评判的标准要尽量客观,避免主观臆断。

(2)创建公开的沟通交流体系。让下属多接触、多交流,有话当面说,开诚布公地表达自己心中的想法,以利于消除误解和隔阂,增进友谊和团结。

(3)严惩那些为了谋一己之利而用各种手段攻击同事、破坏部门正

常工作秩序的下属。

此外,遇到下属个人之间的冲突,领导最好私下单独听双方的陈词,但不要急于表态肯定谁或否定谁,避免火上浇油,激化冲突。

8.在其位者,定谋其政

【原文】

能越力于地者富,能起力于敌者强,强不塞者王。故王道在所开,在所塞,塞其奸者必王。故王术不恃外之不乱也,恃其不可乱也。恃外不乱而治立者削,恃其不可乱而行法者兴。

【大意】

能够使民力致力于耕种的国家就富裕,能够使民力致力于战斗的国家就强大,强大的不能阻挡就可以称王于天下。所以王天下之道在于开发,在于禁绝,禁绝了奸邪就能王天下。所以王天下的根本,不是依靠外国不来捣乱,而是依靠自己不可能被搞乱。寄希望于外国不来捣乱而确立治国方略的国家会衰弱下去,而依靠自己不可能被搞乱而推行法制的国家才能强盛起来。

领导者,不管出于何种目的,都不可偏废自己的分内事。要知道,你之所以能成为管理别人的领导,是因为你自己的事业有所成就。一旦因为其他因素而丧失了对自己事业的关心，那么你成为领导者的资本也就随之烟消云散了。

中国有句话叫"主不离位"，说的是君主掌控权力不离手的重要性。古代君主外出巡游，颇多险象。君主离开权力中心，就有失去权力的可能，这也是政治动荡的征兆。所以，无论因何离内远游，都必须做好妥善安排。不顾政治情况，单纯为了游乐而随心所欲出行，产生危害的可能会更大。

春秋时期，齐国大夫田常的祖父是陈国的公子陈完，其父在位时深得民心，并与各国大夫都有来往。所以，田家在齐国的势力很大，齐国其他几家大夫都对田家虎视眈眈。

有一天，田常带领家眷去东海游玩，被美景吸引不愿回国。众家臣多次劝他以国事为重，田常不胜其烦，便传下命令："有谁再敢劝我回家，立杀无赦。"如此一来，众人都不敢再多嘴，田常也玩得更加开心了。

这一天，田常和家眷在海边欣赏风景，忽然，一个白胡子老翁冲了过来，被士兵拦住了。田常心知又是说客，极为恼怒，但看他一把年纪，不想理他，心想：也许一会儿他就会被卫兵赶走了。

没想到那老人很倔强，冲到海边跪下，眼睛盯着田常。卫兵想过来赶他，却被他怒目圆睁的样子惊呆了。看到这种情形，田常游玩的兴致被冲得一干二净。他几步跳上岸，从卫兵手里一把抢过戟，直冲到老人跟前。

原来那人是颜涿聚，田常怒气冲冲地持戟问道："你来干什么？为什么要冲撞我的卫士？还有礼法吗？"

颜涿聚毫无惧色地盯着田常说："您只顾游玩嬉戏，假如晏、鲍、高几家在您游玩期间侵吞了您的土地，您怎么办？"

一听他提回去之事，田常怒火更盛，说："我早已传下命令，有谁再敢劝我回家，立杀无赦，难道你不知道吗？"

颜涿聚平静地说："从前关龙逢因为向夏桀进忠言而被杀，比干因为

向商纣王进忠言而被杀。今天您若杀了我,就跟夏桀和商纣一样了。我为国家,不为自己,死又有什么关系呢?"说完就做出等死的样子。

田常怒气未消,却也不忍心真的下手。他扔掉戟,拂袖回到了住所。冷静下来之后,田常认为颜涿聚说得很有道理。于是下令收拾行装,立即起驾回国。刚回国就听到风声,说有人已经密议,他要是再不回来,就要关起城门不让他进城,然后谋夺他家的田产。后来,田氏经过几代发展,削弱了其他家族的势力,最终发动政变取代了姜氏,统治了齐国。

作为一个领导者,你要明白一个道理,即所有人,包括你自己在内,都要受作用力与反作用力法则的制约。你要对这个事实始终保持高度的敏感。通过自己领导的组织,你将拥有产生巨大影响的力量。当运用这一力量的时候,你要始终保持清醒,你所产生的巨大影响终究会反过来影响自己和自己的团队,并应该尽量使这些返回来的作用力产生积极正面的影响。

没有不重要的事情,领导者能量的每次运动都至关重要。作为一个领导者,你要意识到自己头脑中最细微的想法、自己采取的最细微的行动,以及你的团队中出现的最细微的想法、采取的最细微的行动,都会产生巨大的影响。你要看到自己肩负的责任,不能对此心怀侥幸,否则,你就必须承担相应的后果。

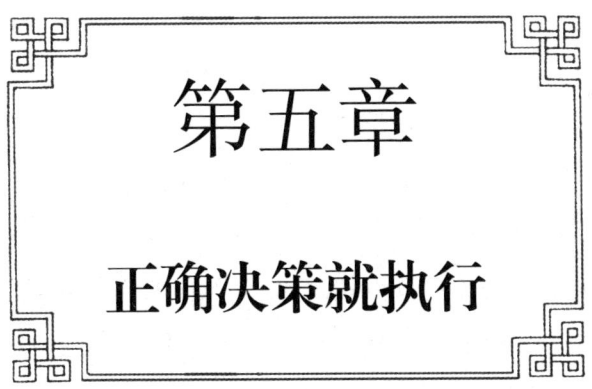

第五章

正确决策就执行

1.认识是决策的前提和基础

【原文】

安危在是非，不在于强弱。

【大意】

国家的安危在于君主能否分清是非，而不在于强弱。

决策就是从两个或两个以上的未来行动方案中选择一个最优方案的过程。决策力就是适时做出重大决定的能力，是企业家维持企业生存必须具备的最起码的素质。

领导者的决策会对其组织成员产生不可估量的影响。"运筹帷幄,决胜千里",决策正确乃成事之始;"一招不慎,满盘皆输",决策失误即败事之趋。决策的正确与否,往往决定着企业或组织的兴衰存亡。

领导工作从某种意义上讲,就是做出决策。决策以认识为基础,在很大程度上,决策正确与否,取决于人们认识正确与否。要保证决策正确,必须首先保证认识正确。

秦国自秦孝公任用商鞅变法以来,一直坚持实行法治,国家因此富强。秦昭王虽然也知道赏必加于有功,无功者不得受赏,但在运用这个原则时,他有时又表现得非常糊涂。可见,认识正确,决策才能正确;认识错误,决策必然错误。

在面临机遇、时不我待的形势下,糊里糊涂会错误地估计形势,从而丧失成事的大好机会。具体表现为:面对时机,照搬教条,不知决策的目的为何东西,糊涂决策;迷信经验,不知应变,坐以待亡;分不清决策的目的和手段、结果与观念的关系,不懂装懂,以致事情决策失败;目光短浅,不知随机而动,手忙脚乱。

糊涂不清、观念错误是决策者的大忌讳。领导者在决策中要聚集多方面的知识、经验和心理承受力,为此需不断加强自身的修养,改变常规的思维方式,考虑问题要全面、灵活变通,不固守教条,做到这些,才能在面临决策时不糊涂,决策什么问题都思路清楚、目的明确。

认识是决策的前提和基础,只有认识正确了,决策才能正确。只要我们弄清决策对象,认清决策环境,学会系统思维的方法,就能较好地认识和把握决策的客体状态和发展规律,进而做出符合客观事物发展规律的决策。

决策的过程一般包括6个字:止、定、静、安、虑、得。

止,即知止,就是知道应该采取怎样的立场才是合理的。一切为公不为私是思考的出发点,"止"可以看作是决策的选择目标。

定,就是讲决策以正大为目标,有意志就会有定向。如管理者站在正大光明的立场,就会有定见。

静,就是依据决策者所秉持的定向,潜心研究相关的信息,心不妄动,自然能静。面对纷繁复杂的信息,决策者如果缺乏定向,势必会心慌意乱,无法潜心研究,不知道如何选择正确、合用的信息。当然,定向有偏差,心情不能静下来,也是一种警示的信号,必须自己进行调整,务求心安,才知定向无误。要做到"静",才能寻找到一些可替代的方案。

安、虑,即能心不妄动而潜心研究,无论决策者坐、卧、行、立,都能深思熟虑各种信息的必要性和正确性,所以能安。决策者心安,不会因紧张不安做出错误判断。决策者能安,必能思考精微详尽。这样精密、详尽的思虑,必然可以获得合理满意的决策,即为能"得"。"安"是多方面搜集有关的资料;"虑"是分析和判断。

得,即获得合理的决策,然后再依据变化,寻找下一阶段的决策,以便做好阶段性调整。

在中国古书《礼记·大学》中,有这样一句话:"知止而后有定,定而后能静,静而后能安,安而后能虑,虑而后能得。物有本末,事有终始,知所先后,则近道矣。"一旦领导者获得合理的决策,那么,一切事物的本末终始无不了然。这时可以按照轻重缓急制订计划,顺序执行,适时考核,调整误差,寻求令人满意的效果。

2.看清真相再决策

【原文】

圣人者,审于是非之实,察于治乱之情也。

【大意】

作为圣人,能够了解是非的实情,明察治乱的真相。

生活中存在着许许多多的假象,绝大部分假象并不是人为的,而是一种客观存在。因此,能否辨明假象,是事业能否成功的关键。

韩非子的法家思想非常重视明察,要求君主要有很强的洞察力,防止受到蒙蔽。《韩非子》中有很多简单的故事,其中有着多方的暗示,对世态、人心都有深刻的洞察。

决策建立在假象的基础上,结果自然是失败的。所以,在企业经营中,管理者需要具备一双慧眼,识别假象,看出事物的本质。决策是企业的命脉所在,在关键时刻,一个正确的决策能使公司起死回生,而一个错误、不切实际的决策会使公司濒于破产。

事物表面的种种迹象会掩盖真实的本质,本质和现象在大多数情况下是正关联的,但本质和现象并不永远一致。所以,决策时不能只关注表象,要肯花工夫去调查研究事情背后的情况,探究隐藏在背后的深层次的、复杂的成因。

　　董建华的名字如雷贯耳是在他当了"特首"之后，在此之前，没有多少年轻人知道董建华是何许人，而董建华的父亲董浩云则更是鲜为人知了。提起船王，我们首先会想到包玉刚，但事实上，董浩云曾经是比包玉刚出道更早、名气更大的世界级华人船王。对一条经济规律的不同判断和应对策略，使两人的船王地位发生了戏剧性的大变化。

　　20世纪80年代初期，世界航运业盛极而衰，世界级船王董浩云没有看清这一形势，他被繁荣的假象所迷惑，逆流而上，增加投资，大肆扩张船队。同时，他还向日本订造了世界上第一大的超级油轮，一心要巩固他的世界船王地位。包玉刚则早在20世纪70年代便决定急流勇退，上岸分散经营，终于于1980年和1985年两次由女婿吴光正成功收购老牌英资"九龙仓"和英资"四大行"之一的"会德丰"，以创造世界经济史上商战经典的方式，完成了战略性转移。

　　20世纪80年代开始，全球航运业出现了全行业的不景气，董氏家族陷入了几乎是全军覆没的困境。当此之时，董建华临危赴任，他卧薪尝胆，历经长达8年的大手笔债务重组，得到了汇丰银行38亿港元贷款和霍英东11亿港币的援助，才使董氏集团起死回生，董建华也因此在香港商界名声大振。

　　但是，经此挫折，董氏家族已元气大伤，董浩云与包玉刚的船王地位也发生了极大的变化：包玉刚连年位居香港十大富豪之列，按其家族的市值计算，1994年名列香港十大富豪第六名，总值为154亿港币，1995年名列第七位，总值132亿港币；其旗下的香港上市公司"会德丰""九龙仓"等，总市值近千亿港币，若再加上其他方面的财富，家产更是惊人。而董建华的身家"东方海外"的总市值约24亿港元，只有包玉刚的一个零头。

　　决策错误是企业不幸的根源，而敏锐的洞察力往往能给企业带来无

尽的财富。看透各种假象,看清事态的发展,正是企业领导者敏锐洞察力的体现。企业的成功离不开管理者的独特慧眼。其实,那些所谓的商业奇才并不是有多高的智商,他们只不过是眼光敏锐、头脑机灵,善于观察分析商业中的资讯,然后加以利用。

　　观察辨析能让人知己、知人和知势,这有利于采取正确的行动,进而取得预期的效果。有时,我们所掌握的信息往往扑朔迷离、变幻莫测、真假掺杂,所以,切不可神经过敏、闻风而动,应头脑冷静,对信息的真假、价值等做出明智正确的判断,然后再根据自已的具体情况来决定取舍。

3.高瞻远瞩,决策要深谋远虑

【原文】

　　行山中无水,隰朋曰:"蚁冬居山之阳,夏居山之阴,蚁壤一寸而仞有水。"乃掘地,遂得水。

【大意】

　　走到山里没有水,隰朋说:"蚂蚁冬天住在山的南面,夏天住在山的北面。如果地上蚁穴有一寸高,地下八尺深的地方就会有水。"于是挖掘地,最终得到了水。

古代人在做事之前,喜欢占卜吉凶,这是一种预测方法,目的是为了

给决策做参考。

韩非子认为，君主做决策看问题要有预见性，不能凭自己的主观猜测，而要基于对主客观情况的正确分析。

韩非子举例说，赵国钻烧龟甲、计算蓍草进行卜筮，兆象"大吉"，因此攻打燕国的是赵国。没想到秦国出兵干涉，占领了赵国六个城。于是韩非子说，赵国的占卜就算对攻打燕国缺乏远见，也应对秦攻赵有所预见。

韩非子在《说林上》一篇中也提到了预测的重要性。

秦康公花了三年时间建筑台观。楚国出兵，打算前去攻打齐国。任妄说："饥荒招致敌兵，病害招致敌兵，劳民招致敌兵，国乱招致敌兵。您筑了三年台观，现在楚国出兵要攻打齐国，我怕他们以攻打齐国为名，而以袭击秦国为实，不如多加防范。"由于秦国派兵对东面边境进行了戍守，楚国无法，只能停止军事行动。

任妄提出要防备楚国的进攻，是一种预测。事实证明，这个推断是正确的。韩非子用这个故事说明有备才能无患，无备就要遭难，在军事上尤其如此。我国著名军事家孙子就十分强调预测、谋划对战争胜负的重要性。

预测与决策紧密相关。如果决策者本身素质不高，信息不丰富，分析不到位，不能权衡诸多方面，那他的预测就很可能不准确，基于此种预测的决策也很难成功。

曹操官渡大战后统一了中原，刘备则狼狈地逃到了荆州。他感到人单势孤，特别需要人才，打听到襄阳地方有个名士叫司马徽，便特地去拜访他。结果，司马徽向他推荐了诸葛亮。徐庶也是当地的一位名士，因为

 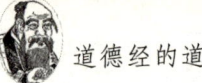

听到刘备正在招请人才，便前去投奔他。刘备很高兴，把徐庶留下当谋士。徐庶也向他极力推荐诸葛亮。

刘备见司马徽、徐庶这样推崇诸葛亮，知道诸葛亮一定是个了不起的人才，就带着关羽、张飞一起到隆中去找诸葛亮。三顾茅庐后，诸葛亮被刘备的诚意感动，在自己的草屋里接待了他。诸葛亮看到刘备这样虚心请教，便推心置腹地跟刘备谈了自己的主张。他说："现在曹操已经战胜袁绍，拥有百万兵力，而且他又挟持天子发号施令，这就不能光凭武力和他争胜负了。孙权占据江东一带，已经三代。江东地势险要，现在百姓归附他，还有一批有才能的人为他效力。看来也只能和他联合，不能打他的主意。"

接着，诸葛亮又分析了荆州和益州的形势，认为荆州是一个军事要地，可刘表是守不住这块地方的。益州土地肥沃广阔，向来称为"天府之国"，可那里的主人刘璋却是个懦弱无能的人，大家都对他不满意。最后他说："将军是皇室的后代，天下闻名，如果您能占领荆、益两州，对外联合孙权，对内整顿内政，一旦有机会，就可以从荆州、益州两路进军，攻击曹操。到那时，有谁不欢迎将军呢？能够这样，功业就可以成就，汉室也可以恢复了。"刘备听了诸葛亮这一番精辟透彻的分析，思想豁然开朗。他觉得诸葛亮是个难得的人才，便恳切地请诸葛亮出山，帮助他完成兴复汉室的大业。诸葛亮遂出山辅佐刘备。

后来，诸葛亮为刘备运筹帷幄，决胜千里。他先是火烧新野、博望，又东渡东吴舌战江东群儒，助孙刘联军火烧赤壁击败曹操，后巧夺荆州，终得立席之地，最后西取成都，占汉中，终成三国鼎立之局面。这一系列精彩的成就，无不来源于诸葛亮高瞻远瞩的隆中妙对，他实在是千古第一谋划大师。

事物的发展总有规律可循。无论做什么事情，只要对将来的趋势进

行准确的预测,并做出应对的准备,必然能增加成功的机会。决策中,领导者的预见性要经得起检测,否则,决策方案就不可能成功。预测时一厢情愿或者随心所欲,会给决策带来不利;决策者不注意预测时段的长短因素变化,很可能导致决策失败;决策者收集的材料有限,预测不准确,也会导致决策失败。所以,领导者要做好预测工作,这样才能更好地服务于决策。

4.朝令夕改,决策大忌

【原文】

好以智矫法,时以行杂公,法禁变易,号令数下者,可亡也。

【大意】

君主好用智巧改变法制,常用私行扰乱公事,法令不断改变,号令前后矛盾的,可能灭亡。

韩非子主张任法不任智,因为人的智慧没有法律稳定。他认为,法律、禁令一旦制订,在相当长一段时期内需要保持一定的稳定性。因自己的私心和私欲不断变更法令,会招致亡国的灾难。

决策朝令夕改会严重影响管理者的威信。以企业管理为例,一个法治的企业应该是有令必行、有禁必止的。指令在短时间内出现反复,员工就会对管理者的决策能力产生怀疑,决策也会失去其应有的严肃性。由

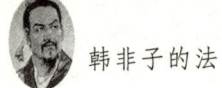

于决策变动,对决策的执行也会因理解的不同而出现偏差。决策的反复会极大地浪费各方面的资源,使企业内部产生不了强大凝聚力,人心涣散,不能产生明显的效益。

管理者必须改变其原先的决策时,必定是有不得已的原因,但是,如果一再地修改决策已经成了这个管理者的习惯,那就说明管理者的能力和素质已经不足以担当他现在的职务。

影响决策改变的第一种因素通常来自于大环境的改变,但这是有脉络可循的,决策绝不会平白无故出现180度的大转变。造成决策朝令夕改的原因是,管理者的决策过程有问题,没有依据一定的制度和程序,例如收集资料、分析讨论等,而是照管理者个人的喜好与直觉做判断。结果,当决策不符合实际情况时,只好临时朝令夕改,摇摆不定,如此一来,制度也将形同虚设。

如何不让下级觉得领导者"朝令夕改"呢?管理者与下级之间因平日的沟通而建立的互信基础是关键之一。如果没有平时的沟通,等到决策必须弹性应变时才要求员工配合、支持,那就太迟了。第二点,管理者和下级要对任何重大事项都能交换意见,才能坚持比较统一的政策。在这个基础上,任何决策的宣布都不会显得随意突兀,这样能够避免造成下级的信心与认识上的冲击。

"朝令夕改"的原因虽然是多方面的,但最重要的一点是决策者在决策时没有充分听取民意,而仅仅是拍脑袋,体现个别领导人的意志,等到执行起来,才发现有很多弊端。

一位民营老板聘请一位非常优秀的职业经理人做公司的CEO,当初约定董事长仅仅把握战略方向,职业经理人对企业实施全面管理。前几个月,工作开展得还算顺利,企业管理秩序也初步理顺了。但企业进行规范化管理必然会触动一些"老人"的利益,他们在不满之余私下向董事长

汇报一些真假掺和的"事实"。出于对这些"老人"信任和依靠,董事长相信了他们说的话,开始对职业经理人各种猜疑,并逐渐开始过问不该过问的事情。时间一长,董事长便老毛病复发,路见不平时张口就下命令。最终,职业经理人无法忍受这种"朝令夕改"的局面,被迫离职。

很多老板都怀有吞天吐地的志向与万般活跃的思维,这是好事,但是一个重要的决策经过多方的论证后再实施会更具可行性。但在现实中,很多老板会不断地给员工以新的指示,在员工花费了许多精力与时间后,又轻松地将项目驳回。这样的事情一次两次尚可,但长此以往呢?所以,做决策请慎重。

决策的稳定还取决于领导者的观念。经常听到有些老板说:我们现在是"法治"了,理由是公司已经制定了许多规章制度,也把自己的亲戚、朋友从公司里面赶走了。但法治并非这么简单,如果经营者本人有着浓重的"人治"思想,企业就不可能轻易走上"法治"的道路。

所以,企业制度要想实现稳定,老板就必须做到真正的法治,实现经营权和所有权分离。

5.尽可能给决策留有余地

【原文】

刻削之道,鼻莫如大,目莫如小。鼻大可小,小不可大也;目小可大,大不可小也。

【大意】

雕塑的原则:鼻子不如先刻大一些,眼睛不如先雕小一些。鼻子大了可以改小一点,小了就无法改大;眼睛小了可以改大,大了就无改小。

韩非子在《说林下》中用雕塑的原则讨论了做事的技巧,其核心思想便是凡事留有余地,不可把事情弄到无法挽救的地步。

登山者知道,真正的诀窍不是爬上山顶,而是安全地返回山下。当你制订重大决策,尤其是有风险的决策时,你需要制订一个计划,保证一旦决策失败,你还有退路。正如西方思想家所说:只有知道如何停止的人才知道如何加快速度。

这也正是欧内斯特·沙克尔顿和罗伯特·福尔肯·斯科特在南极之旅中的区别。

1909年,沙克尔顿穿越了离南极点156千米的地方,如果他继续前行,他会成为走到最南边的人,并有可能成为第一个登上南极点的人。他本来是可以做到的,但他知道,如果那样做,他将无法带领全体队员安全返回,因为很多队员已经饱受严寒折磨,食物也不够了。在这种情况下,他做出了一个艰难的决定:原路返回。最终,他和所有队员都安全地返回了驻地。

斯科特在1912年1月9日,也就是沙克尔顿到达南极3年之后,站上了相同的地点,但斯科特决定继续向南极点进发。事实上,在早些时候的行进中,他的马队和动力拖拉机已经出现了故障,全体队员被迫用人力来拉雪橇。最终,他们虽然成功抵达了南极点,但整个团队都在返回的途中遇难了。

怎样做才能给自己留有退路?首先要专心,这样你才能够及时认识

到决策没有达到预期的效果。这个决策背后的假设条件是什么？这些假设是否被后来的反馈证明是错误的？如果你能够准确识别这些假设，你就可以明确这些假设会在什么时候不再适用。

其实，所谓的留退路，就是在做决策的时候给可能出现的失误留有一个回旋的余地。

在考虑任何决策的时候，先问一问自己哪些环节可能会出差错，你有什么应对措施，你有B计划或者C计划吗？你考虑过各种可能的方案吗？在你的决策中，怎样才能给失误留有回旋的余地呢？你有从南极点安全返回的通路吗？如果决策没有达到预期的效果，那么，给失误留有余地能让你更快地改正过来，或者说能让你活下来。

6.制度管理，事无大小

【原文】

夫治无小而乱无大。法不立而诛不必，虽有十左氏无益也；法立而诛必，虽失十左氏无害也。

【大意】

治不在小，乱不在大；如果法令不设立，诛罚不兑现，即使有十个左氏城也没有裨益；如果法令设立，诛罚兑现，即使失去十个左氏城也没有损害。

韩非子主张严法治国,对触犯国法者坚决执行惩罚,哪怕犯的罪比较轻,也要严惩,不可姑息养奸。这样做可以惩前毖后,使臣子不敢以身试法。

现代管理应严格制度管理,要有"制度无小事"的观念。无论多小的事情,当其与制度规范发生冲突时,就是大事。有些事情看起来很小,但其产生的效应很大。目前我们缺的不是制度,而是人们严格遵守制度的意识。要培养人们遵守制度的意识,首要的就是严惩一切违背制度者。

在这一点上,与建立制度的热情相比,我们执行制度的热情简直就是冰火两重天,所以,如今几乎所有大大小小的制度都普遍存在着难以执行或执行不彻底的情况,因为有些人的意识里根本不把制度当回事。

任何破坏制度的事都应该是大事,因为这会引来其他的效仿者。如果个别人突破制度的行为得不到有效的制止和惩罚,那无疑是对遵守制度者的嘲讽,这会进一步形成众人违规的局面,到那时就难以收拾了。

2005年7月,蒙牛集团召开股东大会审议某事时,以举手方式而非投票方式进行了表决,这违反了香港联交所《证券上市规则》。对此,蒙牛专门发布公告,向联交所和股东致歉。仅仅表决方式错了,就得道歉,这是不是有点小题大做呢?在香港股市上,只要违反了制度,就必须受到相应的处罚。因此,蒙牛的表决方式发生错误,就得道歉。

香港股市的成熟就体现在其从小事入手,全面地制订规则,并严格遵守规则,做到有法必依、有错必纠。这样,投资者对上市公司才会有信心。

现实生活中,"大错不犯、小错不断"而屡教不改的人很多,如若不给以严厉处罚,不杀一儆百,有意无意地放纵,总有一天,小错会聚成大错。"小错重罚",不仅给犯错者敲响了警钟,使之不至于错越犯越多、越犯越大,同时也给大家以警示作用,引以为戒。这看似冷酷无情,但从大局考虑,从长

远考虑,从实际效果考虑,它体现了领导和组织的关心爱护,体现了不是一棍子打死而是"治病救人"的良苦用心,是有人情味的另一种表现。

当然"小错重罚"并非灵丹妙药,我们还可以同时试试其他办法。如批评教育,请当事者口头检讨,书面反省,开展自我批评,触及灵魂;如警示备忘,利用警示牌、手机短信、发电子邮件等形式,随时提醒备忘;如亲友劝解,请知己亲朋代做工作;或者子女请求、长辈施压,等等。将"小错重罚"和其他办法有机结合起来,会更显人情味。

惩治犯罪有法律,惩罚错误有规章制度。错无论大小,罚不论轻重,都应该以规章制度为准。有了详细的、具体的奖惩制度,接受处罚的人才会心服口服,避免"小错重罚""有错不罚"等现象的消极影响。所以,领导者应该在健全管理制度上下工夫,使管理有章可循,员工也可以对号入座,这才是提高管理效率的正途。

7.执行力是企业的王道

【原文】

能法之士,必强毅而劲直,不劲直,不能矫奸。

【大意】

能够推行法治的人,必须坚决果断并刚强正直;不刚强正直,就不能矫正邪恶。

发展速度要加快、规模要扩大、管理要提升,除了要有好的决策班子、好的发展战略、好的管理体系外,更重要的是要有执行力。

执行力,就是企业中间层理解并组织实施的能力。相对于决策层定位于"做正确的事"来说,作为执行层的经理人的定位应该是"正确地做事";相对于操作层员工"做事正确"的定位来说,作为执行员的经理人的定位应该是"做正确的事"。

一句话:中层经理人既是执行者,又是领导者。他们的作用发挥得好,是高层联系基层的一座桥梁;发挥得不好,是横在高层与基层之间的一堵墙。

企业决策层对各种方案的认可,需要得到中层的严格执行和组织实施。如果企业全体中层队伍的执行力很弱,与决策方案无法匹配,那么,企业的各种方案将无法实施成功。

很多领导者都乐于布置任务、做决定,但真正执行有效的领导者,都擅长使布置下去的任务和做出的决定得以执行。要改善执行部门的执行力,就要把工作重点放在这个部门的领导者身上。

对于执行,我们常常存在以下误解:

误解一:企业执行力低是因为员工的执行能力低

很多主管习惯性地停留在对员工执行能力的关注上,认为企业执行力的低下是员工个体执行力低下造成的,而没有去思考员工执行力低下的真正原因。其实,员工执行力低下80%是因为管理不到位或者整个企业的执行系统有问题。

误解二:执行力是一种技巧,只要短期内抓一下就可以了

很多主管把执行力建设当成短期的工作,没有当作重要问题来抓,也没有长期建设的计划,结果导致执行的效果时好时坏,下属的执行能力也得不到提升。

误解三:重视结果,不重视过程管理

很多主管把任务分给员工之后,就什么事也不管了,只要给他结果就行,他不在乎过程。

误解四:让下属去执行,但执行什么却并不明确

有些主管在给下属分配任务时,没有明确的量化要求,或者没有过程的跟踪和辅导,最后导致员工无法获取完整的信息,没有方向感。同时,管理层也无法获取一线员工的动态,造成企业内部沟通协调的脱节,大量的时间和精力被浪费在沟通的层面,自然会导致执行力低下。

实际上,在整个执行系统中,主管才是关键。

如果某一主管认为从事管理工作不需要执行力,所谓执行就是下达命令后由下属去实施,那就说明这个管理者角色定位有问题。企业要培养执行力,应把工作重点放在各层管理者身上。管理者的执行力能够弥补策略的不足,而一个再完美的策略也会死在没有执行力的管理者手中。

为了更好地实现企业的经营目标,管理者必须反思自己的角色定位——管理者不仅要制订策略,还要具备相当的执行力。

海尔集团的张瑞敏忍痛亲自抡起铁锤,砸烂了76台质量不合格的冰箱;奥康集团王振滔当着员工的面亲手剪掉了数千双不合格的高档皮鞋。这些举动,传达的并不是要求他的属下把所有的不合格品全部砸掉,而是通过此事教育他的员工:要么不干,要干就要争第一,质量问题绝不可轻视,不合格品就是废品。

在1995年5月25日的业绩发布会上,柳传志曾指出,联想要做长期的公司,要踏踏实实把公司业绩做好,不给投资者"造梦"。1995年,香港联想公司大亏损,柳传志并没有因此拖延业绩公布时间,而是提早采取行动,发出业绩警示通告,按时向投资者和股民说明情况,如实地说明公司的现状和未来的发展战略,以及对决策层的调整。联想的股价在这一阶段

虽然有大幅度的下跌,但联想的"信誉"却得到了空前的加强。在联想业绩回升的时候,他们给了联想极大的支持。1998年4月16日,联想在香港股市上配售15亿股,只在下定单后的两小时内,就超额认购了4倍。

由此可见,一个具有优秀执行力的公司,上到企业领导、部门主管,下到员工都具有超常的执行力,而且领导、主管的执行力更起着关键性的作用。一方面,企业大的决策、管理要靠他们去落实,而这些都是关系到企业生死的大问题;另一方面,领导、主管的执行力具有示范作用,能够影响下面的员工。

8.优柔寡断是成功的大敌

【原文】

缓心而无成,柔茹而寡断,好恶无决,而无所定立者,可亡也。

【大意】

君主决断问题迟缓而无实效,本性柔弱而不果断,好坏不分,而没有固定的立场,国家就有可能灭亡。

在韩非子看来,君主优柔寡断就会有亡国的危险。韩非子并非危言耸听,任何负有领导和指挥职责的人,如果遇事优柔寡断,必将造成种种

不堪设想的后果。

其实,不仅是领导者不能优柔寡断,普通人亦是如此。生活中,许多一事无成的人最大的毛病就是优柔寡断,他们做事总是左顾右盼、思前想后,结果错失了很多良机。

所谓优柔寡断,即是指在需要做出决定时总是犹豫不定,产生不停的动机冲突,执行决定的时候又踌躇不决、迟疑不定。具有这种性格的人总是怀疑自己所做决定的正确性和决定实现的可能性。他们不相信自己,也无法为他人所信赖,更不会为他人所重用,所以总与成功擦身而过。

现在,社会上最受欢迎的就是那些有巨大创造力和非凡经营能力的人。有些人只知道按部就班地听从别人的吩咐,去做一些已经安排妥当的事情,而且凡事都要有人详细地指示。唯有那些有主张、有独创性、肯研究问题、善于经营管理的人才是人类的希望,也正是这种人,充当了人类的开路先锋,促进了人类的进步。

有时,事情明明已经详细计划好了,考虑周全了,已经确定了,但有些人仍然前怕狼后怕虎,不敢行动,左右思量,不能决断。最后,脑子里的念头越来越多,对自己也越来越没有信心,最终精力耗散,陷入完全失败的境地。

一个渴望成功的青年人,一定要有坚决的意志,不可染上优柔寡断、迟疑不决的恶习。在工作之前,必须确定自己已经打定主意,即使遇到任何困难与阻力,即使出现一些错误,也不能有怀疑的念头。我们处理事情时,事前应该仔细地分析思考,对事情本身和环境给出一个正确的判断,然后再做出决定;而一旦决定了,就不能再对事情和决定有任何怀疑和顾虑,也不要管别人说三道四,只要全力以赴去做就可以了。做事的过程中难免会出现一些错误,但我们不能因此心灰意冷,应该把困难当教训,把挫折当经验,相信以后一定会更加顺利,这样成功的希望才会更大。

某地发生水灾,村民们纷纷逃生。一位上帝的虔诚信徒爬上了屋顶,等待上帝的拯救。

不久,大水漫过屋顶,这时刚好有一只木舟经过,舟上的人要带他逃生,这位信徒却信心十足地说:"不用啦,上帝会救我的!"见他如此,木舟只好离开。木舟离开没多久,河水便没过了他的膝盖。

这时,一艘汽艇经过,来拯救尚未逃生者。这位信徒却说:"不必啦,上帝一定会救我的。"汽艇只好到别的地方救其他人。

几分钟后,洪水高涨,已到了信徒的肩膀。这个时候,有架直升机放下软梯来救他,他却死也不肯上飞机,说:"别担心我啦,上帝会救我的!"直升机只好离去。

最后,水继续高涨,这位信徒溺亡在了洪水中。

死后,他升上天堂,遇见了上帝。他大骂:"平日我诚心祈祷,您却见死不救,算我瞎了眼啦。"

上帝听后叫了起来:"你还要我怎样?我已经给你派去了两条船和一架飞机!"

如果没有决断的能力,你的一生就会像深海中的一叶孤舟,永远漂流在狂风暴雨的汪洋大海里,无法到达成功的目的地。

造船厂里有一种力量强大的机器,能把一切废铜烂铁毫不费力地压成坚固的钢板。善于做事的人便如同这部机器,他们做事异常敏捷,只要决心去做,任何复杂困难的问题到了他们手里都会迎刃而解。

20世纪80年代,日本的存储器以极低的价格迅速占领了全球存储器市场,英特尔被挤出了原本属于他们的市场领地。到1985年秋,英特尔已连续六季度出现亏损,产业界都普遍怀疑英特尔是否能继续生存下去。

作为英特尔的领导者,安德鲁·格鲁夫必须做出决策。

在办公室里,格鲁夫与董事长摩尔单独会谈,那时,英特尔已在争论中徘徊了一年。格鲁夫问摩尔,如果我们下了台,你认为新当选的CEO会采取什么行动?

摩尔犹豫了一会儿说,他会放弃生产存储器。

格鲁夫坚决地说:"你我为什么自己不走出这个怪圈呢?"

实际上,这个决心是很难下的,因为在当时,英特尔就等于存储器。最终,格鲁夫说服了摩尔,他力排众议,顶着重重压力,坚决砍掉了存储器的生产,把生产微处理器作为英特尔的新利润增长点。

到1992年, 英特尔在微处理器上的巨大成功使它成为了世界上最大的半导体企业。1987年至1997年的10年间,英特尔的年投资回报率平均高于44%,格鲁夫也两度被《商业周刊》评为全球最佳企业领导人。

格鲁夫的决策拯救了英特尔。他认为:"在一个企业感到自己即将被激流和旋涡吞没时, 往往也是企业面临着一个新的战略转型的时候。在这时,犹豫不决只会使威胁变得更大,这个时候最需要领导者当机立断。"

一个人如果目标明确、胸有成竹,就绝不会把自己的计划拿来与人反复商议,除非他遇到了在见识、能力等各方面都高过自己的人。在决策之前,他会仔细考察,然后制订计划,采取行动。这就像在前线作战的将军必须首先仔细研究地形、战略,而后才能拟定作战方案,并开始进攻一样。

一个头脑清晰、判断力强的人,一定有自己坚定的主张。他们不会永远处于徘徊当中,更不会一遇挫折便赌气退回,使自己的事业前功尽弃。只要做出决定,他们就会一往无前地去执行。

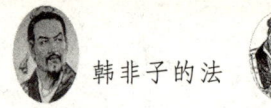 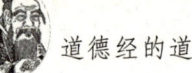

英国的基钦纳将军就是一个很好的典型。这位沉默寡言、态度严肃的军人威猛如狮、出师必捷,他一旦制订好计划,确定了作战方案,就绝不会再三心二意地去与人讨论、向人咨询。在著名的南非之战中,基钦纳将军率领他的驻军出发时,除了他和他的参谋长外,谁也不知道要开赴哪里。他只下令要预备一辆火车、一队卫士及一批士兵。此外,基钦纳不动声色,甚至没有电报通知沿线各地。战争开始后,有一天早晨六点钟,他突然出现在卡波城的一家旅馆里,他打开旅馆的旅客名单,发现了几个本该值夜班的军官的名字。他走进那些违反军纪的军官的房间,一言不发地递给他们一张纸条,上面是他的命令:"今天上午十点,专车赴前线;下午四点,乘船返回伦敦。"基钦纳不管军官们的解释和辩白,更不听他们的求饶,只用这样一张小纸条,就给所有的军官下了一个警告,杀一做百。

基钦纳将军有无比坚定的意志且异常镇静,做任何事都能冷静而有计划地去做,如此,自然事事马到成功。

机会只敲一次门,成功者应该善于当机立断,抓住每次机会,充分施展才能。切记要正视自己的不足,纠正优柔寡断的短板,抛弃迟疑不决、左右思量的不良习惯,只有这样,你才能得到命运的垂青,最终获得成功。

不能做决定的人,固然没有做错事的机会,但也失去了获得成功的机遇。很多时候,机会成本远远超过错误成本。所以,宁可做错,不可不做。

下　篇

道德经的道

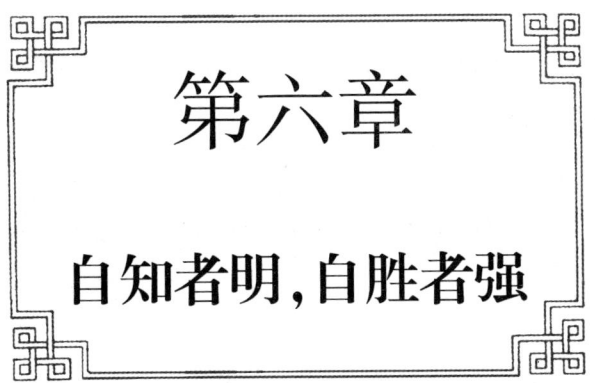

第六章

自知者明,自胜者强

1.切忌不懂装懂

【原文】

知不知,尚矣;不知知,病也。圣人不病,以其病病。夫唯病病,是以不病。

【大意】

知道自己有所不知的人,是高明的人;不懂得却自以为自己懂,是做人处世的大毛病。是因为他知道自己的错误所在,所以不去犯这样的错误。知道自己的错误之处,不去犯同样的错误,这是高明的。

真正聪明、有知识的人不会自我夸耀，而善于夸耀自己的人则不一定真的有学问。老子教导我们一定要加强自我修养，若是与人交往时夸夸其谈，不但表现不了自己，还会贻笑大方。

杰克夫妇没有多少学问，但他们爱慕虚荣，十分向往那种高人一等的生活。

这天，夫妇二人去参加一个上层人士举办的酒会，在漫无边际的闲聊中，话题转到了莫扎特身上。

"一个绝对的音乐天才！才华横溢，无人能及！"有人简练地评价道。杰克夫人做梦都想加入这种对名人品头论足的讨论中，那样能显示出自己的渊博。为了表现自己的智慧和身份，杰克夫人不失时机却又故作轻描淡写地说道："噢，莫扎特，我非常同意您的见解，我喜欢他这个人。也许你们不敢相信，今天早晨我还在21路车站和他聊了几句，他正要去音乐厅客串一场演出，上车之前，他还礼貌地向我道了别，真是一个非常懂礼节的人。"

杰克夫人的话音一落，周围便顿时安静了下来，大家都轻蔑地看着她。

旁边的杰克觉得自己蒙受了巨大的耻辱，他走到夫人面前，略带愠怒地耳语道："我们现在就走，快穿上你的外套，我们得赶快离开。"

驾车回家途中，杰克一言不发。

"杰克，你是不是生气了？"杰克夫人主动打破了沉默。

"噢，是吗？你终于注意到了？"杰克用嘲讽的口吻说道，"你今天让我丢尽了面子！你看见莫扎特坐21路车去音乐厅了？你这个自以为是的傻瓜！谁都知道21路车根本就不路过音乐厅！"

不懂装懂其实是内心无知的表现，为了掩饰自己的无知，费尽心力

去假装自己是个"专家"。也许开始的时候,别人会以为你真是个"专家",可你话一出口就露了馅,不过是给别人增添了一点茶余饭后的谈资罢了。

有一个人想拜见县官求个差事。为了投其所好,他事先找到县官手下的人,打听县官的爱好。

他向县官的随从问道:"不知县令大人平时都有什么爱好?"

"县令无事的时候喜欢读书。我经常看到他手捧《公羊传》读得津津有味,爱不释手。"随从告诉他。

这个人把县令的爱好记在心里,胸有成竹地去见县令,并说出了自己的请求。

县令问他:"你平时都读些什么书?"

"别的书我都不爱看,一心专攻《公羊传》。"他连忙讨好地回答说。

县令接着问他:"那么我问你,是谁杀了陈佗呢?"

这个人其实根本就没读过《公羊传》,不知陈佗是书中人物。他琢磨了半天,以为县令问的是本县发生的一起人命案,于是吞吞吐吐地回答:"我平生确实不曾杀过人,对于陈佗被杀之事更是一无所知。"

县令一听,知道他并没读过《公羊传》,便故意戏弄他说:"既然陈佗不是你杀的,那么你说说,陈佗到底是谁杀的呢?"

这人见县令还在往下追问,更加惶恐不安起来,吓得狼狈不堪地跑了出去,连鞋子也来不及穿。

别人见他这副模样,问他怎么回事。"我刚才见到县令大人,他向我追问一桩杀人案,我再也不敢来了。等这桩案子搞清楚后,我再来吧。"他边跑边大声说。

一个人应该用诚实、谦虚的态度去对待知识,对待别人。不懂就不

懂，为何要装懂？但凡有此陋习者，都是爱慕虚荣之人，肚中本无多少知识，偶然被人问住，欲明说"不知道"，又恐丢了面子，只好不懂装懂，信口胡诌，答非所问，敷衍了事，聊以脱身。或者明明知道自己能耐不大，却不甘寂寞，人前人后"打肿脸充胖子"，摆出一副博古通今的架势，张嘴就是"张飞打岳飞，打得满天飞"，专唬那些学识浅薄之徒，借以满足自己的虚荣心。承认自己也有不知道的事并不丢人，为了自抬身价而不懂装懂、自欺欺人的做法才是可耻的，就像滥竽充数的南郭先生，终有灰溜溜逃走的那一天。

孔子曰："三人行，必有我师焉。"没有人能门门学问都通、任何事情都了解，必然有很多需要学习和弥补的地方。而不懂装懂就像给不足之处盖上了一块遮羞布，施了个障眼法，虽然能暂时挡住了别人的视线，但终有真相大白的一天。到了那时，你就要为自己的欺骗行为付出代价了。

一个肚子里连一滴墨水都没有的人，却装出一副无所不知的大学问家的样子，目的是为了在听众信以为真的反应中获得虚荣心的满足。他们以为不懂装懂可以使别人相信自己是一个内行，以此赢得别人的尊重。却不知，孤陋寡闻的他们是很容易露馅的。所以，人要有自知之明，"夜郎自大"只会遭人嘲笑。

在知识迅速增长的今天，领导者更应该扎扎实实地掌握好技能，用虚心的态度向别人请教。孔子曾经说过："知之为知之，不知为不知，是知也。"最后一个"知"，实际上是"智"的通假字，孔子也认为懂得自己无知，是一种智慧。所以，只有感觉到自己的无知，才能更加有知。

2.自知之明比才华更重要

【原文】

天地不仁,以万物为刍狗;圣人不仁,以百姓为刍狗。天地之间,其犹橐籥乎?虚而不屈,动而愈出。多言数穷,不如守中。

【大意】

天地不感情用事,对万物一视同仁;圣人不感情用事,对百姓一视同仁。天地之间,不正像那种风箱吗?虽然空虚却并不匮乏,越动,它的风就越大。讲话太多就会窘困,不如将一切深藏于心中。

自我感觉良好的人常常会陷入自我膨胀当中。每个人都需要有一技之长才能更好地活着,某一些方面的特殊才能使我们形成了独特的风格和个性,人生也变得更加精彩,这是值得我们骄傲的。但请记住,山外有山,人外有人,别把自己太当回事,如果总是恃才傲物、目中无人、自以为是,最终很有可能会搬起石头砸自己的脚。

新加坡淡马锡控股公司的首席执行官何晶为人很低调,她从不接受采访,即使在公开场合讲话,也很少回答人们的提问。在与何晶共事过的人们眼中,她是一个精明强干、思想敏锐的人,也是一个不愿被媒体曝光的商业女强人,但鲜为人知的是,何晶还是新加坡总理李显龙

的夫人。

这个新加坡的第一夫人喜欢朴素的装扮,总是留着一头短发。当记者问她为什么这么低调时,何晶讲了一个寓言故事:两只大雁与一只青蛙同在一个池塘里,池塘的水越来越少,于是大雁决定飞回南方。大雁对青蛙说:"要是你也能飞上天该多好呀,我们还可以经常在一起。"青蛙灵机一动:它让两个大雁衔住一根树枝,然后自己用嘴衔在树枝中间,一起飞上了天。地上的青蛙们都羡慕地拍手叫绝。这时有人问:是谁这么聪明?那只青蛙生怕错过了表现自己的机会,于是大声地说:"这是我想出来的……"刚一张口,话还没说完,它便从空中掉下来了。

迈兹纳曾有一句名言:不要把自己看得太重要,没有你,事情一样可以做好。不要把自己太当回事,坦诚而平淡地生活,没有人把你看成卑微、怯懦和无能的人。但如果你总是把自己当作珍珠而四处炫耀,那你将时时有被淹没的危险。

很多时候,我们远不像自己想象的那般重要,那样受人关注。把自己看轻一点,把自己放得轻松点,不仅可以解决很多问题,还能使自己避免陷入无尽的烦恼与痛苦之中。

即使你真的非常优秀,非常了不起,也请不要自我膨胀。无论你从事什么行业,过着怎样的生活,都不过是一个人。许多事情都是一时的、短暂的,如果你把自己太当回事,可能有一天你会变得什么也不是。自我膨胀就像是吹气球,谁都希望气球变大,但吹入的气体过多就会爆裂。所以,做人还是要谨慎、低调一些,否则,就会像不断充气的气球那样,最终毁掉自己。

如果能对人生有一个清醒的认识,对自己有足够的了解,客观而公正地对待自己,你便能从容地面对激烈的竞争,在生活的每一天都收获欣慰的笑容和真正的快乐。

孔子问子贡："你跟颜回谁更博学一点？"子贡回答："我怎能和颜回相比？他能够以一知十；我听到一件事，只能知道两件事。"

子贡有没有颜回博学这个并不重要，可是子贡的自知之明却深得孔子欣赏，这种明智使他勇于诚心看待自己，这份从容更是体现出了他的广阔胸襟。正是这一种独特的人格魅力，使子贡传之千古。

有自知之明是一种智慧，没有自知之明是一种愚昧。

有一只蚂蚁，力气大得不得了，自开天辟地以来，像它这样的蚂蚁大力士还从没有出现过，它可以毫不费力地背上两粒麦子。它的勇气也是别的蚂蚁所没有的，它能像老虎钳似的一口咬住蛆虫，而且常常单独和蜘蛛作战并获得胜利。很快，它就在蚁冢内名声大震，成为了蚁族的骄傲和大家的偶像。

出名后的它有些飘飘然，它开始不满足于现在的局面，想进城获得人类和其他动物公认的大力士称号。一天，它爬上了最大的运粮车，踏上了进城的路，它坐在赶车的人身边，骄傲得像个王。

但是，这只蚂蚁的满腔激情在进城的一刹那就被浇了冷水。它满以为人们会从四面八方赶来迎接它，可大家根本不理会它。它大喊着："喂喂喂，你们快来看看我，我是蚂蚁中力气最大的！"但大家都在忙自己的事情，根本就听不到这微小的呐喊。这只蚂蚁找到一片树叶，在地上把树叶拖来拖去，并机灵地翻着筋斗，敏捷地跳跃，可依然没有人注意到它。它颓败地抱怨道："人类真是愚不可及！我表现出了种种武艺，怎么就没有人来给我掌声夸赞我呢？如果人类上我们这儿来，他们就会知道，我在全蚁冢是赫赫有名的大力士。愚蠢！人类简直太愚蠢了！"

聪明的蠢才不是蠢在没有才华，而是蠢在没有自知之明。我们应该

对自身的价值有个大概的估量，明确自己的人生观，对自己有个清晰的认识。

人人都喜欢听赞美的话，没有自知之明的人听到好听话时，根本不在乎那只是奉承话、谎言，只要自己听着舒服便会信以为真，进而飘飘然起来。殊不知，别人说这些话也许是为了让他放松戒备，也许是为了从心理上摧垮他，也许是因为有求于他而讨好他。

在《战国策·邹忌讽齐王纳谏》中，邹忌就很有自知之明，没有被妻子、姜室和客人的赞美冲昏头脑，他说："姜之美我者，畏我也；客之美我者，欲有求于我也。"那些吹捧他的溢美之词并没有使邹忌真正觉得自己比徐公美，他清晰地知道别人赞美自己的意图。这是很多人做不到的。

要想真正了解自我，就必须换一个角度看自己。

首先，要"察己"。客观地审视自己，跳出自我，观照自身，如同照镜子，不但看正面，也要看反面；不但要看到自身的亮点，更要觉察自身的瑕疵。包括对自己的学识能力、人格品质等进行自我评判，切忌孤芳自赏、妄自尊大。

其次，要不断完善自我，有则改之，无则加勉。古人云："吾日三省吾身。"也就是说，人的自知之明来源于自我修养和自我醒悟。自省可以让你免受言语的纷扰，让你清楚地知道自己的优势和不足，从而避免因没有自知之明而闹出笑料。所以，只有真正了解自己的长处和短处，避己所短，扬己所长，才能对自己的人生坐标进行准确的定位。

3.自知不自见，自爱不自贵

【原文】

民不畏威，则大威至。无狎其所居，无厌其所生。夫唯不厌，是以不厌。是以圣人自知不自见，自爱不自贵。故去彼取此。

【大意】

如果人民不畏惧统治者的权威，那么可怕的事件就会降临。不要逼使人民不得安居，不要阻塞人民的生计。只有不压迫人民，人民才不会反抗。因此，圣人只要求自知，而不自我张扬；只要求自爱，而不自以为高贵。因此，圣人舍去后者(自见、自贵)而取前者(自知、自爱)。

老子对所有的统治者提出了一个忠告：对待人民要宽厚一点。如果一味凭借恐怖手段，当人民不怕恐吓威胁的时候，真正的危险也就来临了。老子对统治者说的这些话后来都应验了。

秦朝时期，秦始皇创立了中国历史上第一个统一的中央集权大帝国，本来应该是彪炳千秋的事业，但他迷信武力压榨的政策，用唐朝人杜牧的话说，就是"(秦始皇)独夫之心，日益骄固"，终于使老百姓忍无可忍。陈胜、吴广本来就是普通的农民，被征派去戍守边境，但因天降大雨而耽误了期限，按照秦朝的法令，若是耽误了期限就要被杀头。陈胜、吴

145

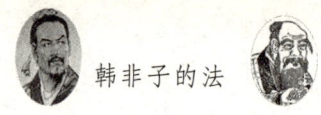
广就说，同样都是死，与其因为耽误期限被处死，还不如起来造反，也许还能闯出一条生路。此时的陈胜、吴广就像老子所说："民不畏死，奈何以死惧之？"人民连死都不怕，还有什么让他们害怕呢？于是，两人揭竿而起，掀起了一场轰轰烈烈的大起义，强盛一时的大秦帝国也在这场动荡中轰然倒塌。

除了提醒统治者不要用恐怖手段威吓人民之外，老子还强调统治者要低调一点，要让老百姓生活得自在一些，不要去阻塞老百姓的生计，不要压迫老百姓，这样才不会有老百姓造反的情况发生。老子就像一个喋喋不休的谏臣，向统治者进谏忠言。

那么，怎样才能做到这一点呢？老子开出了药方：只要求自知，而不自我张扬（自知不自见）；只要求自爱，而不自以为高贵（自爱不自贵）。自知就是统治者有自知之明，有知识、有经验，还不喜欢自我炫耀；自爱就是统治者可以爱护自己、保护自己，但不要高高在上、穷奢极欲、脱离人民。自知自爱的道理，不仅对于统治者适用，对于一般的领导者也很值得借鉴。

歌德曾经说过一句名言："有一种东西，比才能更罕见、更优美、更珍奇，那就是自知之明。"对自己有清醒的认识是自我提升的必备条件。一个人若想保持良好的心态，就要在不同的时期、不同的阶段自我定位，正确清醒地估量自己。

英国著名哲学家休谟是一位非常懂得自知自爱的人。他晚年退休后，每年能拿到1000英镑的退休金和版税。早年，他曾经写过一部《大不列颠史》，是一本重印多次的畅销书。退休后，周围的人劝他再写续集，一直写到当代。休谟摊开两手说："你们已经给了我太多的荣誉，先生们，但我不想再写了，理由有四点：我太老了，太胖了，太懒了，太富了。"

我国古典名著《太平广记》上有这样一个故事：

一位监察御史文笔不怎么样，却很喜欢舞文弄墨，许多人奉承他，他自己也觉得很高兴，一得意就会拿出银子来请客。他老婆就劝他说："你写的文章并不怎么样，别人说你好，一定是拿你寻开心。"这位监察御史一想，确实是那么一回事，便再也不肯出钱请客了。但另一个人却不是这样，他作的诗本来就一塌糊涂，别人故意称赞嘲弄他，他还以为是真的，于是大办酒席来招待这些人。他的老婆是知道他没有多少文才，苦劝他不要上别人的当，但这位老爷却觉得老婆是嫉妒自己的才华才会这么说。

普通人不自知自爱，影响的不过是个人。而领导者的行为关乎国家，关乎人民，倘若不自尊自爱，其造成的危害将不可设想。老子对为政者倡导自知自爱，确实有远见眼光，对今天的领导干部也非常有借鉴意义。

4.战胜自己才是真正的强者

【原文】

胜人者有力，自胜者强。

【大意】

能战胜别人的人，是有力的人；能战胜自己的人，才是真正的强者。

老子一针见血地指出了人们在生活中经常失败的根源所在——不能胜己。

如果说影响人生成功最大的障碍是物质方面的客观因素，那么，那些白手起家的企业家、那些身处困境而大有作为的人就不会在历史中出现。细心体味，影响人生成功的最大障碍应该与老子说的不谋而合——自己。

人生虽然面对着各种各样的艰难困苦，但这些困苦并不能使那些拥有坚强意志、坚信自己能够成功的人俯首称臣。相反，这些人利用坚强的意志克服了物质甚至生理上的障碍，揭开了自己人生光辉的篇章。

有一位老师，他带领的班级在学校所有的竞赛中总是名列前茅，有人向他取经，他走到黑板前写下了两个大字："不能。"然后问全班同学："我们该怎么办？"

学生们马上异口同声地大声回答："把'不'字擦掉。"

是的，这就是答案，擦掉"不"字，"不能"就变成"能"了。

我们必须随时提醒自己，把"不"字去掉，只要"能"，这就是获胜的秘诀。一旦"不能"在心中扎根，即使是你擅长的事业，也会在激烈的竞争中败下阵来。

一个人生活在世上，要面对的东西有很多，烦恼、朋友、敌人……在对外界事物应对自如的时候，我们往往忽略了一个最重要的对手——自己。于是有了这样一个难题：有人能轻易打败敌人，却不能战胜自己。

从前，一位在校大学生发现当时的大学教育制度存在许多弊端，于是马上向校长提出。他的意见没被接受，他便决定自己办一所大学，自己

当校长，来消除这些弊端，让教育体制更适合学生们的发展。

这说起来简单，做起来却并不容易，办学校至少需要100万美元，上哪儿去找这么多钱呢？等这位年轻人毕业后去挣，那太遥远了。

这位年轻人每天都在寝室内苦思冥想如何能有100万美元。同学们都觉得他的想法太不切实际，但年轻人不以为然，他坚信自己可以筹到这笔钱。

终于有一天，他想到了一个办法。他打电话到报社，说他准备筹备一个演讲会，题目叫《如果我有100万美元怎么办》，想让报社给予支持。报社被这个异想天开却创意独特的想法打动了，于是决定在报纸上给这位有创意的年轻人以支持。

在一切准备就绪之后，演讲会如期举行，他的这一演讲创意吸引了许多商界人士的参与。面对台下诸多成功人士，年轻人在台上满怀激情地说出了自己的构想。

当演讲结束以后，一位叫菲立普·亚默的商人站了起来，说："年轻人，你讲得非常好。我决定给你100万，就照你说的办。"

就这样，年轻人用这笔钱办了亚默理工学院，也就是现在著名的伊利诺理工学院的前身。而这个年轻人就是后来备受人们爱戴的哲学家、教育家冈索勒斯。

年轻时候的冈索勒斯并没有因为别人的讥讽、资金的缺乏而放弃自己的梦想。相反，他以坚定的信念积极地思考解决方法，最终获得了人生的成功。可以说，这也是胜己者的成就。

历史上胜己的成功者比比皆是：司马迁遭宫刑，但依然完成了历史巨作《史记》；中国人民解放军仅拥有小米加步枪，却打败了飞机加大炮的帝国主义侵略者；成立初期贫穷落后的新中国，靠自己的努力爆破了"蘑菇云"……

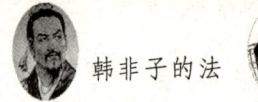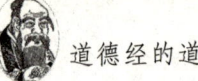
　　古人云："胜己者赢天下。"对于现代人来说也是如此。好吃懒做的思想令人们眼高手低，意志薄弱的心理令人们浅尝辄止。如果人们能够体会到老子"自胜者强"的智慧，切实地战胜自己的懒惰，坚强自己的意志，那么任何人都不会再像从前一样只能感受失败的苦果，等待他们的将是成功的甘甜。

　　俗话说："困难像弹簧，你弱它就强。"我们每走一步都会遇到困难，感受到困难的威胁和压力。如果我们一味退缩，困难就会越来越大，直至我们主动放弃，这样的结果只有一个：失败。相反，只要我们坚信"赢"的力量，让对成功的渴望战胜对苦难的恐惧，困难就会越来越简单，简单得只要我们去做就能克服，就能成功。

5.巧妙而适度地推荐自己

【原文】

有之以为利，无之以为用。

【大意】

拥有它就要利用它，如果还没有也要间接使用。

　　老子认为，任何东西"有"才有用，"没有"就没用。利从"有"出，要善作交换。

　　每个人都希望自己的价值被肯定，但如何让别人发现你的价值呢？

这时,你就要学会把自己当作"产品","推销"出去。

很多人由于传统观念的根深蒂固,有一种极其矛盾的心态,深受着难以名状的自我否定、自我折磨的苦楚。在自尊心与自卑感的冲撞下,他们一方面具有强烈的表现欲,另一方面又认为过分地出风头是卑贱的行为。但在竞争激烈的今天,想做大事业,就必须放弃那些不痛不痒的面子,更新观念,大胆地推荐自己。

常言道:"勇猛的老鹰,通常都把它们尖利的爪牙露在外面。"巧妙而适度地推荐自己,是变消极等待为积极争取、加快自我实现的不可忽视的手段。精明的生意人想把自己的商品推销出去,总得先吸引顾客的注意,让他们知道商品的价值。要想恰如其分地推销自己,就应当学会展示自己,最大限度地表现出自己的优势,给人生的每个阶段一个合理的定位,然后信心十足地为自己创造全方位展示才能的机会。

尤其是刚走出校园的大学毕业生,一定要学会推销自己。如果你和其他同期毕业生一样,只会散发履历表,墨守成规地做事,绝不会有什么出人意料的结果。想要短期内就有好消息,就必须另辟蹊径,敢于推荐自己。而对于那些已经工作并有了一定事业基础的人来说,建立一个受公众欢迎的形象是一种长期投资,对事业的长远发展具有不可估量的价值。其中,采用主动引起他人关注的方法就是一种捷径。

我们之所以要主动推荐自己,引起别人的关注,主要是因为机遇是珍贵的、可遇不可求的、稍纵即逝的,如果你能比同样条件的人更为主动一些,机遇就更容易被你掌握。因此,主动出击是俘获机遇的最佳策略。另外,世界上总是伯乐在明处,"千里马"在暗处,并且"千里马"多而伯乐少。伯乐再有眼力,他的精力、智慧和时间都是有限的,等待可能会耽误你的一生。

既然已经知道"守株待兔"的行为是愚蠢的,为什么还要坐等"伯乐"的出现呢?我们应该主动去寻找伯乐。更值得注意的一点是,时代在前

进，岁月不饶人，随着新人辈出，每个立志成才者都应考虑到自己所付出的时间成本。一次机遇的丧失，便可能导致几个月、几年甚至是一辈子年华的错位。明白了这个道理，你就会有一种紧迫感，在行动上更多几分主动，以便有更多的机会，使更多的人来注意自己。

但是，毛遂自荐对很多人来说并不是一件易事，这需要一定的胆识和勇气，不自信的人、害怕失败的人是不敢尝试的，只有具备勇气的人才能获得成功。

一次，世界歌王帕瓦罗蒂到北京中央音乐学院做访问，学生们都在争取机会，以求能在这位歌王面前一展歌喉。要知道，这可是一个难得机会，哪怕只是得到歌王的一句肯定，也足以引起中外记者们的大力宣传，从而加快自己在歌坛上的发展。

在学院的一间教室里，帕瓦罗蒂正耐心地听学生演唱，不置可否。正在沉闷之时，窗外突然有一男生引吭高歌，唱的正是名曲《今夜无人入睡》。听到窗外的歌声，帕瓦罗蒂的眉头舒展开了："这个学生的声音像我。"接着，他又对校方的陪同人员说："这个学生叫什么名字？我要见他，并收他做我的学生！"

这个在窗外唱歌的男孩就是从陕北山区来的学生黑海涛。以他的资历和背景，原本是没有机会面见帕瓦罗蒂的，所以他只能凭借歌声推荐自己。

后来，在帕瓦罗蒂的亲自安排下，黑海涛得以顺利出国深造。1998年，意大利举行世界声乐大赛，正在奥地利学习的黑海涛在帕瓦罗蒂的推荐下参加了这场比赛，并获得了名次。

凭着敢于推荐自己的勇气和不断努力的精神，黑海涛在音乐道路上取得了非凡的成就，他后来成为了奥地利皇家歌剧院的首席歌唱家。

这个例子足以让一些怀才不遇的人沉思:机遇稍纵即逝,善于推荐自己很关键。著名数学家华罗庚也曾说过:"下棋找高手,弄斧到班门。"他认为,应敢于在能人面前表现自己,敢于和高手"试比高"。当他还在乡镇小店里自学时,就敢于对大数学家苏家驹的理论提出质疑。正是凭借这种可贵的精神,使他早早闯进了数学王国的神秘宫殿。

机会需要我们主动争取,那些不敢也不愿意推荐自己的人,只会与机会失之交臂。所以,如果你是一个真正有才华、有特长的人,千万不要在关键时刻压制自己,而要适时做好自我推荐,这样才能求得发展的机遇。

6.克服不足,迎头赶上

【原文】

见小曰明,守柔曰强。用其光,复归其明,无遗身殃;是为袭常。

【大意】

观察入微,称为"明";保持柔弱,称为"强"。发挥涵蓄着的"光",回到深细的"明",不给自己带来灾害,这就是隐藏着的常道。

在老子的本段论述中,隐含着这么一个智慧或者说是一种忠告:要正视自己的不足,才能对这些不足加以防范和改正,从而有利于长远发展。

　　1984年，一群苏联专家来华传播"巡回展览画派"的绘画艺术。中方负责接待的同志热情地用"勤劳、智慧"等词语称赞俄罗斯民族，但苏联专家却摇头笑了，毫不掩饰地说："俄罗斯民族是智慧的，但它是懒惰的。"由此看来，俄罗斯人是可贵的，他们敢于正视自己的缺点。这使他们在第二次世界大战后变得更加强大，足以与美国成为竞争对手。

　　实践证明，只有知道差距不足，才有可能进步！

　　有弱点并不可怕，可怕的是有了弱点却愚昧地不能正视自己的弱点，那样才会真的毁了自己。

　　人生在世，不能自我陶醉，要经常地、客观地与别人做比较，找出不足，继而有针对性地加以克服，而不是讳疾忌医。这一点，我们应该多向西汉的郑庄学习。

　　西汉景帝在位时，郑庄还年轻，官也小，只做到了"太子舍人"的官职。

　　在当时来说，郑庄的才学并不高，但他喜欢卖弄，常对别人夸口说："现在是太平盛世，我的才学没有用处。如果不是生不逢时，我的职位是绝不会这样低的。"

　　郑庄只叹怀才不遇，而不知精研学问，人们都在背后讥笑他。一次，郑庄的朋友带他参加一个宴会，座上都是高才大儒。郑庄在旁听他们谈论学问，很多都是他闻所未闻的，他一下惊呆了。

　　郑庄越听越惊，他向朋友说："这些人其貌不扬，想不到有如此才能，他们都是高官吗？"朋友神秘兮兮地说道："他们都是朝中大儒，平日难得一见，我们只管多听多看好了。"

　　郑庄参加完宴会，陷入了深思。他对朋友说："想起我从前自夸己能，真是太无知了。和那些人相比，我不过是个孩童罢了。"

朋友安慰他说："那些人不是一般人能比的，你不必自卑。你我都还年轻，以后未必不及他们。"

郑庄认真道："同样为人，我不能和他们差距太大，我要努力的地方太多了。"从此，郑庄发奋苦学，一有时间便拜访名儒，虚心地请教学问。他常常通宵达旦地接待有才能的人。

一次，郑庄招待宾客，宾客夸他年纪轻轻便学问了得，郑庄苦笑说："在下从前不知天高地厚，以至耽误修习，虚度了不少时光，今日想来犹有愧疚，先生就不要夸我了。"宾客感叹道："山外有山，人外有人，你不要太过自责，有些事还需自我安慰才是。"

郑庄送走宾客，自语道："明知自己不足，就该迎头赶上，否则定会终生遗憾。"

经过一番刻苦努力，郑庄的学问和声望都得到了很大提高。汉武帝即位后，有人推荐他说："郑庄求学不止，从没有满足的时候，他这样的人是不可久居下位的，否则便埋没了人才，对国家是一种损失。"

汉武帝曾当面考问郑庄的学问，郑庄一一作答，没有一点错处。汉武帝夸赞他，郑庄急忙道："臣的学问浅陋，不值得陛下夸奖，陛下所问恰是臣所知道的，臣能回答无误不过是侥幸而已。"

汉武帝欢喜道："你能如此谦虚，足见你还有更大的上升空间，朕对你十分期待。"

郑庄先后担任了鲁国中尉、济南太守、江都相，直至升任九卿之一的右内史。

即便后来位居显官，郑庄仍旧谦恭如常，他告诫家人说："有些人一旦有了权势，便要飞扬跋扈，结果招来大祸，这是因为他们太自满了，看不到自己的不足。我虽为高官，但比我强的人还有很多，所以不可高傲示人，更不可做出违法的事来。"

郑庄从不直呼小吏之名，和下属谈话，他也用词谨慎，害怕伤了别人

的自尊心。他赞誉士人和属下官吏时,总是说:"我不如他们,也许是我命好的缘故,才有今日的高位。"人们一致称赞郑庄,把他视为自己学习的典范。

俗话说:"金无足赤,人无完人。"有缺陷并不可怕,也不丢人,关键是你要清醒地认识到自己的不足,并努力克服不足,迎头赶上。

7.好高骛远终是梦

【原文】

企者不立;跨者不行。

【大意】

踮脚而立的人难以久站,迈起大步想要前进得快一点,反而不能远行。

老子"企者不立,跨者不行"的论断给了我们一个很大的忠告——人可以拥有梦想,但这个梦想应该建立在对自身正确的定位之上,千万不能好高骛远,否则必会贻害终生。

在水生动物中,螃蟹是横着走路的,河虾倒退着走路,它们怪异的行走方式引来了不少嘲笑和讥讽。一天,敏捷矫健的银鱼嘲笑说:"螃蟹你

真笨！横着走路！如果旁边有障碍物，你怎么走啊？"聪明的章鱼也插嘴讥讽道："河虾更傻，向前走多顺啊，可你偏偏倒着走，何时才能到头啊？"螃蟹和河虾听见了，只是淡淡一笑。它们心里知道，选择什么样的行走方式，是根据自己的身体情况决定的。

只要自己把握好方向和目标，给自己定好位，横着走或者倒着走，都是一种前进的姿态。

不能准确地给自己定位，是人们常犯的大错，由此而导致的后果是十分严重的。特别是弱者，如果盲目自恃，势必会做出许多不切实际的事来。正如杯子是杯子、打火机是打火机一样，打火机的功能就是打出火来，杯子的功能就是装水等。它们自身的条件不同，使用功能也不同。若杯子想做打火机，或者打火机想做杯子，那将是它们噩梦的开始。

每一条黄河鲤都想跃过龙门，因为只要跃过龙门，它们就能变为超凡入圣、腾云驾雾的巨龙。

可是，龙门实在太高，数万年来，也只有几条黄河鲤跃过了龙门。其余的黄河鲤累得筋疲力尽，碰得头破血流，却只能望龙门而兴叹。一天，它们集合起来，一起向佛祖祷告，求他发发慈悲，把龙门降低一些。还说如果佛祖不答应，它们就跪在地上不起来。结果，它们真的一连跪了九九八十一天！

于是，为了照顾大多数黄河鲤，佛祖把龙门的高度降到了最低限度，以确保每一条黄河鲤都能跃过。

黄河鲤们一边高呼"佛祖万岁"，一边轻轻松松地跃过龙门，陆续拥有了梦寐以求的龙身。

但它们不久后发现，大家都变成了龙，跟以前做鲤鱼的时候并没什么不同。于是，它们再次集合起来向佛祖祷告，问佛祖为什么自己做了龙

却没有做龙的感觉。

佛祖即刻现身,说:"真正的龙门怎么会降低呢?你们要想体会真正的龙的感觉,还是回去重新跳那个没有降低高度的龙门吧!"

现实生活中,有多少人能不费吹灰之力就获得成功呢?有些年轻人总爱做梦,总想着自己能够一夜暴富、一夜成名,这是不现实的。只有脚踏实地地工作,梦想才有可能变成现实,否则,一切都是空谈。

有理想固然值得褒扬,但理想必须建立在现实的基础上。一个有理想的蚂蚁,是把自己变成最优秀的蚂蚁;一个有理想的狮子,是把自己变成最优秀的狮子。蚂蚁想变成狮子,那便是好高骛远、痴心妄想了。

在生活中,也许有人会劝你脚踏实地地一步一步来,有人会劝你实际一点,不要白日做梦,你对此或许根本不屑一顾,还会发出"燕雀安知鸿鹄之志"的感慨。你或许曾以为自己是鸿鹄、大鹏展翅便能冲上云霄;你或许曾经以为自己是盖世奇才,业绩一定远胜比尔·盖茨、洛克菲勒、李嘉诚……如果不能联系实际情况来定位自己,好高骛远,等待你的将是一事无成的人生。

8.少考虑一点自己

【原文】

吾所以有大患者,为吾有身,及吾无身,吾有何患?故贵以身为天下,若可寄天下;爱以身为天下,若可托天下。

【大意】

我们之所以会有灾患，是因为我们总是爱顾自身。如果我们没有自身，那么我们还有什么忧患呢？所以，难能可贵的是化自我于天下，那就可以把天下寄托给他。真正善爱自身是以自身化及天下，那才可以将天下的重任托付于他。

爱惜自己是本能，谁能不顾自身的安危得失呢？遇到危险的时候，我们首先考虑的就是自己的安危，明哲保身、趋利避害已经成了大多数人的习惯。老子曾告诉我们一个事实：很多事情做不成，不是因为人们做不了，而是考虑自己太多了。例如，在古代百姓突然遭到自然灾害的时候，官员们都怎么办呢？是先开仓放粮，救济灾民，还是先上报朝廷，等候旨意下达？更多人会选择后者，因为他们怕自作主张会使自己的乌纱帽和身家性命不保。也有少数人会选择前者，他们认为，与老百姓的安危相比，其他都不重要。心系天下，以天下苍生百姓为托，以国家为托，那才是真正的大丈夫。

南宋时期著名的爱国将领文天祥就是这样一位以身寄天下、寄国家的人。他出生于江西吉安的一个书香门第之家。当时，昏聩无能的南宋朝廷给他幼小的心灵烙上了深刻的印记，国家局势一天比一天危急，文天祥自小就树立了报国救民的宏伟志向，并立志成为一个顶天立地的人。

文天祥从小就在父亲的教导下读书。一次，父亲指着窗外的绿竹对他说："那竹叶在凛冽的寒风中也没有凋落，它们依旧翠绿，那是多么坚强呀！做人也应该这样。"文天祥似乎听懂了父亲的话，他睁着大眼睛，不住地点着头，暗暗下决心要成为像绿竹一样的人。从此以后，他读书更加勤奋了。

　　功夫不负有心人，文天祥在科举考试中夺得头魁，高中状元，立刻被授予官职。但是，当时的元朝对南宋发动了旷日持久的战争。元朝的铁骑横行南下，所到之处，杀人放火，大肆抢掠，给老百姓造成了巨大的灾难。南宋统治者们面对元军只是一味退缩，贪生怕死，不敢抵抗。元军一路南下，直指都城临安。穷困无奈的南宋统治者只好让各地官兵去保卫京城，保卫那位不争气的皇帝。

　　当时文天祥正在江西赣州做知府，当听到国家危急的消息后，非常难过地对人说："现在国家有难，该是为国家效命的时候了。"但文天祥只是一个文官，他手下没有一兵一卒。为此，他变卖家产，换来军费招兵买马。当地的老百姓被文天祥的举动感染，纷纷为国参战。几天工夫，文天祥便拉到了一万多人的兵马。当时很多人都在劝他："现在元军来势凶猛，你带的这些兵大多是新兵，没有经过训练，更不会打仗，怎么能抵挡得住呢？你不是白白送死吗？"文天祥意志坚定地说："国家有难，没有人出力。现在我拼着一死，为国家出力，那就是寄望着天下人都能这样呀！要是天下人都这样，国家的安危不就有希望了吗？"文天祥早已把生死置之度外，所以他不顾众人的劝阻，毅然决然地带着队伍连夜赶往京城。

　　没有料到的是，文天祥刚到临安不久，朝廷就决定投降。当时的丞相贪生怕死，早就逃得没有踪影了，朝廷没有办法，只得任命文天祥做丞相去与元军谈判。

　　文天祥肩负重任，来到元军大营。元大臣伯颜威风十足地坐在营帐中，旁边的人大声喊着让文天祥跪下，但文天祥面带冷笑，笔直地站立在那里，镇静地说："说投降，那是前任丞相的事情，我一点都不知道。我现在作为宋朝的使臣，是来谈判的，不是来投降的，不能下跪！"伯颜见文天祥一身正气，凛然不可侮，立刻换了口气，说："说得对，可以商量。"

　　文天祥就问："你们是打算灭了大宋，还是打算将它作为一个邻国？"

　　伯颜假仁假义地说："不灭宋，也不会杀百姓。"

"既然如此，你们先撤军，然后再谈判。你们若是想灭掉宋朝，我们大宋子民那么多，打起来谁胜谁负还说不准呢。"

伯颜一听大怒道："你现在在我手中，难道你不怕死吗？"

文天祥昂然说："我就是想以死报国，即使你把刀放在我的脖子上，将我放在油锅里，也吓不倒我！"

伯颜被文天祥的气概镇住了。他说不过文天祥，只得将之扣押在元朝大营。此时的南宋朝廷已向元军投降，一部分官员被押到了北方。文天祥也被押上了大船，但他在途中设法逃了出来。

文天祥逃出来以后，领导者各地的起义军开始了抗元斗争。他转战各地，打了不少胜仗。但元军太强大了，宋朝的军队又太过软弱，不久，文天祥又成了元军的俘虏。

当元军押着文天祥到达崖山，让他劝张世杰投降的时候，文天祥勃然大怒道："救国如同救自己的父母。我救父母没有救成，难道还能让别人背叛自己的父母吗？"当船队经过零丁洋的时候，文天祥站在船头望着大海，思绪万千，心中的悲愤之情勃然涌起，写下了千百年来众口相传的《过零丁洋》。

南宋灭亡了，文天祥被押送到了元大都，身陷牢狱之中。当元朝丞相孛罗问他还有什么话说时，文天祥坦然得只求一死，并说道："国家存在一日，身为臣子的就要尽一份力！"因此，文天祥在牢里蹲了4个年头。

元世祖忽必烈亲自召见文天祥的时候，劝他说："我知道你是一个人才，所以不忍心杀你。只要你用对待宋朝的心来对待我，我就封你为宰相。"文天祥不为所动："我是宋朝的子民，宋朝亡了，就应该尽忠，只求一死！"元世祖没有办法说服这位宋朝的遗民，只好下令杀了他。

1283年1月9日，文天祥被押赴刑场。临刑前，他向南方原来宋朝的土地凝望了一会儿，然后跪在那里，恭敬地拜了几拜，向宋朝深情地告别。他死时只有47岁。尽管文天祥死去了，但他那种一心为国，将生死置之度

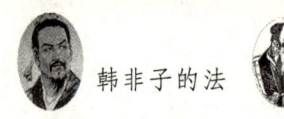

外的精神一直激励着后人,那荡气回肠的《正气歌》广为传颂,历久弥真。

　　大凡在历史上被称道的人,抑或有高尚的情操,抑或有不凡的言行。文天祥那种忘我的精神,始终在后人的心中不断激荡。这就是老子所说的"以身为天下,以身报天下,以身托天下"的高尚情怀。

　　明末清初诗人邓汉仪有这样一句诗:"千古艰难惟一死。"一个人连生死这样的事儿都放下了,还有什么更艰难的呢? 当然,在现代社会中,一般不需要人们像前人那样付出生命的代价去做事。但是,老子所说的道理并没有过时,它提醒我们,在为人处世的时候,少考虑一点自己,多从大局着想,"以身为天下",这样的人才能托付重任。至少,在不顺利的时候,在遭遇挫折的时候,要能够保持沉稳,不过分计较自身的得失。只有这样,才能不断感动周围的人,也让自己得到东山再起的机会。

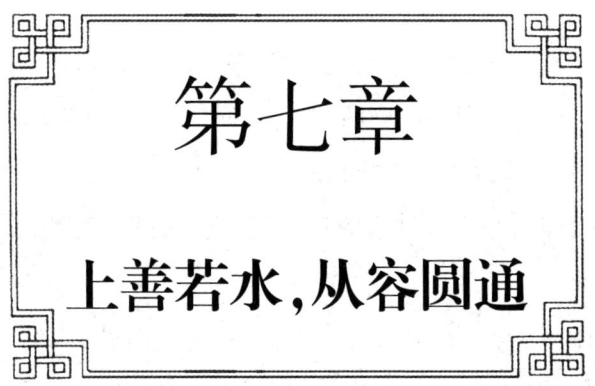

第七章

上善若水,从容圆通

1.以德报怨,赐人恩典

【原文】

上善若水。水善利万物而不争,处众人之所恶,故几于道。

【大意】

最高的善德,像水一样。水善于使万物获益而不与万物相争,它安处于众人不喜欢的卑下之地,所以接近于道。

老子用水来比喻有品行高尚的人,认为他们的品格像水,一是柔,二是停留在卑下的地方,三是滋润万物而不与人争。最完善的人格也应该

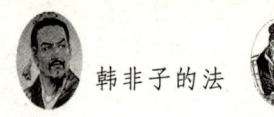
具有这种心态与行为，做有利于众人的事情而不与人争，愿意去别人不愿去的地方。

人的至柔至刚全在一念之间，生活中刚柔并济方显英雄本色。人生并不是只有一条路能通向胜利的彼岸。具有"强者"的资本而保持"弱者"的姿态，这是岁月积淀的人生智慧。

水用自己的洁净洗去别人的污垢而不求回报，真可谓以德报怨，赐人恩典。

在社会生活中，遭到别人的伤害不可避免，对此，人们有两种反应：一是以牙还牙、以血还血，二是以德报怨。

所谓以德报怨，用大白话说，就是别人对不起你，伤害了你，但你不生气，不与他计较，反而好好待他，甚至顺其心意，满足其愿望。

楚庄王的"绝缨大会"大概是经常被人引用的以德报怨的实例。

楚庄王大宴群臣，突然吹来一阵风，把蜡烛熄灭了，有人趁黑拉扯了正在敬酒的妃子的衣袖，结果被妃子扯走了帽缨。楚庄王听了妃子的申诉后，趁蜡烛尚未点燃，肇事者身份不明之时，命群臣全部摘去帽缨，投诸火中，保全了这位大臣。之后，在楚国攻郑的战役中，有一员战将表现得十分突出，楚庄王询问之下，方才得知此人便是那个被妃子扯去帽缨者。楚庄王以德报怨，臣下以德报德，一直传为佳话。

历史上这类故事不胜枚举。孟尝君原谅了一个同其夫人私通的门客，并举荐和资助他去卫国担任要职，后来，此人冒着生命危险谏止了卫君攻打齐国的打算。汉光武帝诛杀了一个谋反者，收缴到群臣中与此人相勾搭的书信千封，却不予追查而付之一炬，以使群臣放心。曹操战胜袁绍后也有过同样的举动。

人一般都有点自知之明，自己的所作所为心里多少是清楚的，所以

在对不起他人的地方，难免会有愧疚之意，此时一旦得到了不曾想到的原谅，甚至对方主动让自己得遂所愿，这种由巨大反差所引发的感激之情，不是语言所能表达的，这种恩典也不是语言所能报答的。

这里，我们要着重强调的是，以德报怨，首先要调整好自己的心态。

人有很多状态，不同的状态会带来不同的结果，同时也决定了你与世界(社会)的关系，即确定你的位置。状态主要表现为生理状态、心理状态和行为状态。当你调整状态、改变自己时，你与世界交换的物质、能量、信息必然会发生变化，你与世界的关系，也就是你在社会生活中的位置也会随之发生变化。同时，世界(社会系统)也必然会作出反应以适应新的关系。就这样，世界被"改变"了，向着善的方向改变。

比如你在生活中经常愁眉苦脸，这一定代表了你现在的位置和与世界的某种既定关系。如果你开始调整表情，诸事面带微笑。进行了这个调整(改变自己)之后，你与世界(社会)交换的信息就改变了，你和周边的人际关系也会发生变化。微笑能增加你在社会中的人缘和机会，这些机会能使你在社会中的位置发生变化，你会感到：世界变了！

美国一些学者的研究结果表明，一种真正以友谊待人的态度，引起对方友谊反应的比率高达60%~90%。领导此项研究的博士说："爱产生爱，恨产生恨，这句话大致是不会错的。"

战国时，梁国与楚国相临，两国凤有敌意，在边境上各设界亭(哨所)。两边的亭卒在各自的地界里都种了西瓜。梁国的亭卒勤劳，锄草浇水，瓜秧长势很好；楚国的亭卒懒惰，不锄不浇，瓜秧又瘦又弱，目不忍睹。人比人，气死人。楚亭的人觉得失了面子，便在一天晚上，乘月黑风高，偷跑过去把梁亭的瓜秧全都拔了。梁亭的人第二天发现后，非常气愤，报告给县令宋就，说要以牙还牙，把他们的瓜秧也扯断。

宋就说："楚亭的人这种行为当然不对。别人不对，我们再跟着学就

165

更不对了,那样未免太狭隘、太小器。你们照我的吩咐去做,从今天开始,每晚去给他们的瓜秧浇水,让他们的瓜秧也长好,并且,一定不要让他们知道。"梁亭的人听后觉得有理,就照办了。

楚亭的人发现自己的瓜秧长势一天比一天好,仔细观察,发现每天早上地都被人浇过,而且是梁亭的人在夜里悄悄为他们浇的。楚国的县令听到亭卒的报告后,感到十分惭愧又十分敬佩,于是上报楚王。楚王深感梁国人修睦边邻的诚心,特备重礼送梁王以示歉意。结果,这一对敌国成了友好邻邦。

清朝学者吴敬梓讲"以仁义服人,何人不服",就是指以仁义来服人,谁又会不服呢?

"弯弓射大雕"的英雄成吉思汗,虽然一生杀人无数,但当不该杀时,他也能放人一马。也正因为如此,所以成吉思汗能得到更多人,甚至是敌人的拥护。

一天,成吉思汗率部外出打猎,恰好遇上了与自己有仇的泰赤乌部的朱里耶人。部众请求说:"这是我们的仇人,请您下令把他们杀个一干二净。"

成吉思汗望着惊慌失措的朱里耶人,说道:"既然他们现在已不与我为敌,还杀他们干什么?"并喝令想动手的人放下武器,不得伤害眼前的朱里耶人。

朱里耶人起初颇为疑惧,见成吉思汗无心杀他们,便纷纷上前搭话。言谈中,成吉思汗得知他们常受泰乌部的虐待,既无粮食,又无帐篷。于是,成吉思汗慷慨地说:"既然如此,那就请你们与我们一起住吧,明天行猎所获,我们平分。"

第二天,成吉思汗果然兑现了自己的诺言。朱里耶人对此非常感动,

皆曰泰赤乌无道，而成吉思汗才是大度的主子，纷纷投靠了成吉思汗。此事传到泰赤乌部后，大将赤老温也来投靠，就连曾经射杀成吉思汗座骑的勇士哲别也投到了成吉思汗的帐下。

武力可以使人屈服，却难以使人心服。所以，高明的驭人法，就是与人为善，以自己的仁心去换取别人的真心。

2.包容是生命的根本机能

【原文】

知常容，容乃公，公乃全，全乃天，天乃道，道乃久，殁身不殆。

【大意】

了解常道则能包容一切，能包容才会公正平等，做事公正平等才能普遍，能够普遍才能合乎自然，合乎自然就合乎道，合乎道就能长久，终身没有危难。

老子在这句话的论述中，肯定了包容是做事公正、周全、终身没有危险的前提条件。可见，老子给予了包容这一人生智慧多么高的评价。

一粒河沙侵入蚌的体内，挥之不走，驱之不去，一个不折不扣的磨难就此成为其身体的一部分，对于蚌来说，生命有着太多的无可奈何。世事

总不相同，蚌不是像树一样，用时间、毅力去消灭它身上的瘤子，而是反其道而行之，磨练它、关爱它，用生命的能量去温暖它，直到把它磨出珍珠的光华。难怪有些珠宝加工大师看着珍珠的华贵、感受珠子的温润时，说能从它的光辉中感觉到生命的律动。

从人类历史来看，"包容"总是和繁荣、昌盛、进步联系在一起，而偏执、独断、专制总是和战争、不幸、灾难联系在一起。大唐对异域文化的兼收并蓄，成就了盛唐文明的辉耀千古；大清在外来文明前的闭关自守，终致近世中国的积贫积弱。

古今成大事业者，必有大胸襟，他们懂得包容一切，并最终把胜利也"包容"了过来。

公子小白尽弃前嫌，任管仲为相，终成春秋首霸；诸葛亮更是以宽广胸怀赢得了孟获和少数民族的信服。

林肯对政敌也素以宽容著称，后来终于引起了一议员的不满。议员说："你不应该试图和那些人交朋友，而应该消灭他们。"林肯微笑着回答："当他们变成我的朋友，难道我不正是在消灭我的敌人吗？"

一位哲人曾说过："不要追求财富，因为你不会永远拥有它，只有朋友才能伴你走完一生。"所以朋友很重要。但是在与朋友交往的过程中，也会经常发生矛盾，唯有"包容"能让朋友之间建立更加牢固的友谊。

一部关于鲁迅先生的书上有这么一段描述：

"鲁迅先生写了很多批评那种柔软而中性化的作家的文章，因为他认为在那种战争年代，文人的义务便是激励和警醒那些愚昧、沉睡的民众。在他批评的人中便包括郭沫若先生。而郭先生也并不示弱，同样写了文章来回击鲁迅。一时间，这文人的战争硝烟四起……"

"……鲁迅逝世时，上海滩云集了大批的学生、工人，还有从各地

赶来的文人学者。这些中国知识分子很多都受过鲁迅文章的批评，然而，他们无不表示了巨大的悲痛。其间尤数郭沫若最为突出，他一连写出几篇文章，说道：'我与周先生吵了一辈子架，然而，我们是一辈子的朋友。'"

这是两位多么伟大的人啊！他们用最伟大的胸怀包容对方。这种包容使他们能够求同存异，冷静地看待对方，欣赏对方高尚的人格，在大方向一致下团结在一起。

每一个生物体都是一个依赖"包容"创建起来的和谐的、有机的组织。从最低等的原始生物到作为万物之灵的人，任何生物体都是由许多不同的物质成分、不同的元素"包容"而成。生物体要维持机体的正常运转，要维持其作为生命的存在，就一刻也不能没有"包容"。如果组成这个生物体的物质成分闹"分裂"，等待这个生物体的就只有解体和死亡。"包容"是生命的根本机能。

包容会产生强大的感染力和凝聚力，使各种各样的人都能成为你的朋友，团结在你周围。包容是一种豁达的人生态度，是一种深厚的性情修养。它可以化干戈为玉帛，化戾气为祥和，增进人的相互理解，在人间播撒爱的种子。包容的人有爱，因而也被别人爱；包容的人包纳万物，因而也能拥有万物。

3.锦上添花,不如雪中送炭

【原文】

居善地,心善渊,与善仁,言善信,政善治,事善能,动善时。

【大意】

居处低洼的地方,心胸善于保持沉静而深邃,交友善于真诚相爱,说话善于遵守信用,为政善于精简处理,办事善于发挥所长,行动善于把握时机。

老子"动善时"的内涵,就是抱着与人为善的想法做事,并合理把握办事时机。这是一个说起来容易做起来难的问题。什么时机才合适?就是要像水一样,需要雨的时候,它就变成了雨;需要雪花的时候,它就变成了雪。它可分可合、可深可浅,可以随着环境的变化而改变自己的形状。对它来说,没有永远正确的,只有现在最合适的。在恰当的时候,做恰当的正确的事情。

做人也是这样,如果我们在恰当的时候,做恰当的正确的事情,往往会起到事半功倍的效果。

隋朝末年,天下大乱,群雄并起,争夺天下。王世充本是隋朝的一个地方官,虽然他也有一争天下的野心,但他没有草率地马上起兵,而是不动声色地做准备。

江淮间多草莽英雄，加以民风彪悍，打架斗殴甚至动刀杀人者多如牛毛，小偷强盗也趁机活动。一时间，监狱人满为患，差役们无法，只得上报王世充。王世充刚开始也为这事头疼，后来一想："现在天下大乱，我又准备起事，这些人正可为我所用，何不顺水推舟，做个人情，将来一旦起事，便可得到许多帮手。"于是，他亲自审讯犯人，审讯时大事化小、小事化了，将犯人头上的罪名洗刷得一干二净。这些犯人原本提心吊胆，担忧性命不保，不想，王世充不仅未判刑，还对他们好言相抚，于是一个个感激涕零，发誓如王世充有所召唤，即便赴汤蹈火也在所不辞。后来，义军势力越来越大，吴人朱燮、晋陵人管崇在江南起兵，声势浩大。隋炀帝派大将征讨，但反复较量都没有取胜。

王世充看到这种情况，心里暗暗高兴，这正是他成就大事的好时机。于是，他打着"王军"的旗号发展势力，得到了朝廷的大力支持。他盘算着借朝廷之力壮大自己的力量，一旦羽翼丰满，便可独霸天下。在他的号召下，江淮间受过他恩惠的子弟纷纷加入他的军队。这些人平素便强悍好斗，加上对王世充知恩图报，打起仗来十分卖力，战斗力非常强。王世充率军征讨朱、管，连战连胜。每次得胜，王世充都按功行赏，重重奖励立功将士，而本人却分毫不取，如此一来，手下人更加卖力了。

王世充施以恩惠，拉拢了一帮对他死心塌地的人，最后靠这支军队，战无不克，逐渐发展成了举足轻重的割据势力。

通观《水浒》，读者会发现，无论是做过一官半职的，还是草莽英雄，或是文人雅士，宋江交往起来都是得心应手、如鱼得水。这说明了什么？宋江也许在武艺上、外形上是个"庸才"，但他无疑是梁山好汉中"情商"最高的人，他之所以能够坐上头把交椅，完全是善于人际交往的结果。

读者有没有注意到，其实宋江与武松初次见面时，只是说了一些普通的安慰话，但为什么武松就觉得遇到了知己呢？

很简单,因为当时的武松正处于落难时期。

话说宋江因为杀了阎婆惜,被官府追杀,逃到了柴进府。哪成想,一进门就撞到了正在烤火的武松,还踢翻了他烤火的火炉。此时的武松也是苦闷无比,他在柴进庄上已有一年,却因为性格不合而遭到了冷落,正愁无处发泄,宋江的无意之举无疑激起了武松的怒气,因此,他二话不说便一把抓住宋江,正准备对其拳脚相加时,柴进过来制止了他。

本来是一次不愉快的碰面,宋江非但没有不高兴,反而邀武松一起入席。在了解了武松的遭遇后,他真诚地表达了安慰之情,之后又送衣服又送钱,分别之时更是送出十里开外,与其依依惜别。武松这个铁汉被宋江的柔情所打动,与他结拜为兄弟。

实际上,这是宋江作为一个领导者的基本素质和技巧。他知道,人在失利受挫或面临困境的情况下,最需要别人的帮助,这种雪中送炭般的帮助能让人终生难忘。

每个人活在这个世上,都不可能不有求于人,也不可能没有助人之时。当你打算帮助别人的时候,请记住一条规则:救人一定要救急。

其中的道理很简单:如果他人有求于你,说明他正等待着别人的相助,一旦你答应帮助他,他心存感激之余当然会把希望完全寄托在你的身上,如果你最后帮得不及时或者没有去帮,误了他的事,必定会招来对方的怨恨。

在三国争霸之前,周瑜并不得意。他曾在军阀袁术部下为官,被袁术任命做过一回小小的居巢长,也就是一个小县的县令。

当时,地方上发生了饥荒,年成既坏,兵乱间又损失很多,粮食问题变得日渐严峻起来。居巢的百姓没有粮食吃,就吃树皮、草根,很多人被活活饿死，军队也饿得失去了战斗力。周瑜作为地方的父母官，看到这悲惨情形急得心慌意乱，却不知如何是好。

这时，有人给他献计，说附近有个乐善好施的财主叫鲁肃，他家素来富裕，一定囤积了不少粮食，可以去向他借。

于是，周瑜带上人马登门拜访鲁肃。寒暄完毕，周瑜就开门见山地说："不瞒老兄，小弟此次造访，是想借点粮食。"

鲁肃一看周瑜长得丰神俊朗，器宇不凡，日后必成大器，顿时产生了爱才之心。他根本不在乎周瑜现在只是个小小的居巢长，哈哈大笑说："此乃区区小事，我答应就是。"

鲁肃亲自带着周瑜去查看粮仓，这时鲁家存有两仓粮食，各三千斛，鲁肃痛快地说："也别提什么借不借的，我把其中一仓送与你好了。"周瑜及其手下见他如此慷慨大方，都愣住了。要知道，在如此饥荒之年，粮食就是生命，但鲁肃却二话不说就将其拱手送人，实在是有大气魄。周瑜被鲁肃的言行所感动，两人当下就成了至交。

后来周瑜飞黄腾达，当上了将军，他牢记鲁肃的恩德，将其推荐给了孙权，鲁肃也由此获得了成就一番事业的机会。

鲁肃在周瑜最需要粮食的时候送给他一仓粮食，这就是所谓的雪中送炭。

在生活中，很多人总是在别人不是很需要的时候拉上一把。其实，锦上添花远不如雪中送炭来得效果好。当他人口干舌燥之时，你奉上一杯清水，胜过九天甘露；大雨过后，天气放晴，再送他人雨伞，还有什么意义呢？所以，我们在帮助别人时一定要注意这些。

4.避免与人针锋相对

【原文】

天下之至柔,驰骋天下之至坚。无有入无间。

【大意】

天下间最柔软的东西，能在天下间最坚硬的物体中穿梭，没有实体的东西才能穿越没有间隙的物体。

老子的"天下之至柔,驰骋天下之至坚"的智慧,其实并不难理解:天上的风是最柔的,却能透过肌肤,拔树倒屋,再小的缝隙也能通过。

为何能至柔治刚呢?从物理的角度来看,刚性越大,物体的脆性就越大,抗打击的能力也就越低。钻石的确是自然界最硬的东西,但又有谁注意到,钻石甚至比玻璃更易碎呢?而硬度极差的铅,柔韧性却极好,你甚至可以用锤子把它砸得像纸一样薄,但仍不能将它砸为两半。

有个成语叫"四两拨千斤",讲的正是以柔克刚的道理。俗语说:"百人百心,百人百性。"有的人性格内向,有的人性格外向,有的人性格柔和,有的人性格刚烈,各有特点,各有利弊。纵观历史,我们不难发现,刚烈之人更容易被柔和之人征服利用;太过于嚣张的民族,反而会被低调的民族打败。

冒顿是匈奴单于头曼的太子,后来,头曼因喜爱别的妻子生的小儿

子,而想废掉冒顿,立小儿子为太子。冒顿得知此事后,便杀掉了头曼,自立为单于。

当时东胡强盛,听说冒顿弑父自立,匈奴内部形势不稳定,便乘机挑衅,派使者到冒顿那里,索要头曼的一匹千里马。

冒顿问左右大臣,大臣们都说:"千里马是匈奴的宝马,绝不能送给他。"

冒顿沉吟着说:"东胡索要千里马不过是个借口, 假如我们不给,他就有理由攻打我们。"

左右大臣都攘臂愤慨地说:"宁可和他们拼一生死,也绝不可示弱送马。"

冒顿说:"一旦打仗,我们就会损失掉几千几万匹马,人死得更多,不值得为了一匹千里马付出如此大的代价,况且都是邻国,在乎一匹千里马也显得过于小气。"思索了一番后,冒顿便派人把千里马送给了东胡。

过了不久,东胡又派人来索要单于的一个阏氏(单于的妻子称为阏氏)。冒顿又问左右大臣,左右大臣表现得义愤填膺,说:"东胡太没有道义了,竟敢索要阏氏,是可忍,孰不可忍,请您下令发兵攻打他。"

冒顿说:"为了一名女子和邻国大动干戈,损失人马牲畜无数,太不值得了。"于是又把东胡索要的阏氏送了过去。

东胡王见所求辄获,意气骄横,根本瞧不起冒顿单于,又派使者见冒顿,说:"你我两国边境之间有块空地,有一千多里,你匈奴也到不了那里,把这块地送给我吧。"

冒顿又问左右大臣该如何。左右大臣们说:"这本来就是块无用的土地,给他也可以,不给也可以。"

冒顿闻言大怒,说道:"土地是国家的根本, 怎么能把土地送给别人?"

凡是说可以把地给东胡的大臣都被斩首了,之后,冒顿下令国中,集

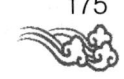

中兵马,亲率大军袭击东胡。东胡素来轻视匈奴,全然不加防备。结果,冒顿一举消灭了东胡,把东胡的百姓和牲畜全部占为己有。

冒顿弑父自立,虽属自保,但也显露出了他凶猛残忍的天性。然而,面对东胡的无理要求,他却一忍再忍,而且忍常人所不能忍,这是因为他要成就常人所不能成就的事业。

当时东胡最为强大,东胡王敢于提出无理至极的要求,也是倚仗自己的实力,索要千里马和阏氏不过是想挑起事端,以便自己师出有名。假如冒顿不答应请求,正式开战,一定占不到上风。

但冒顿偏偏忍住了,要马给马,要人给人,就是不给东胡开战的理由,同时也以谦卑懦弱的姿态达到骄敌、愚敌、痹敌的目的,并用所受到的耻辱来激发国内斗士的血性。"知耻近乎勇",耻辱常常能增强斗志。

东胡见所求无不获,心满意足,既不把匈奴放在眼里,也不屑出兵攻打。却不知"骄兵必败",在表面的胜利中,已经输掉了最关键的战争要素。

冒顿战胜东胡的智慧,正是以老子"天下之至柔,驰骋天下之至坚,无有入无间"为指导思想,或者说,是一种退一小步而进一大步的胜利。倘若东胡是一块巨石,那么冒顿就必须让自己成为一堆棉花,而不是同样硬的岩石。因为棉花与巨石相碰,能很轻松地将其包在里面;而如果巨石与巨石相碰,必然会两败俱伤。

至柔治刚的智慧,并非让我们在面对强者时一味退缩忍让,而是让我们适时地避开锋芒,与对方巧妙地周旋,最终达到制胜的目的。

阳刚是年轻人的标志,然而,处事过于阳刚就有点不明智了。遇到问题应该以冷静的心态去面对,在某些不能直接解决的问题上不妨退一步,以一种柔弱的态度转到另一个方向去解决。这就是那些会办事的人通常采取软硬兼施手段的原因。

5.曲则全,枉则直

【原文】

曲则全,枉则直,洼则盈,敝则新,少则得,多则惑。是以圣人抱一为天下式。不自见,故明;不自是,故彰;不自伐,故有功;不自矜,故长。夫唯不争,故天下莫能与之争。

【大意】

委曲才能保全,弯曲的才能伸直,凹陷的才能满盈,陈旧的才能更新。少取反而多得,贪多则会惑乱。所以,圣人所坚守的只有一个原则,是天下的榜样。不注视自身才能明察万物,不自以为是才能明鉴是非,不自我夸耀才能得到成功,不自我封闭才能有所进取。正由于不与人争,所以天下没有人能与他争的。

现在常常听到人一面抱怨世事太艰难,人生的路越走越窄,看不到半点成功的希望,一面又因循守旧、不思变通,习惯在老路上继续走下去。这些人从来没有想过,也许稍稍改变一下思路,调整一下目标,就可能出现"峰回路转""柳暗花明又一村"的意外惊喜。

马嘉鱼是一种生活在深海里的鱼,它有着银色的外皮、燕子一样的尾巴,样子非常美丽。平时,它们都生活在深海中,只有春夏之交会潮流而上,然后随着海潮游到浅海去产卵,这也是渔民捕捉它们的最佳时机。

渔民们捕捉马嘉鱼的方法很简单：用一孔眼粗疏的竹帘子，下端系上铁块，放入水中，竹帘的三面都敞开，由两只小艇拖着，拦截鱼群。

这种鱼的"个性"很倔强，不喜欢转弯，即使闯入渔网中也不会停止。当它们一只只"前赴后继"地陷入竹帘孔中时，帘孔会随之紧缩。帘孔越紧，马嘉鱼就越是拼命地往前冲，最终被牢牢地卡死在里头。

其实网住马嘉鱼的既不是竹帘子，也不是渔夫，而是它们自己。但凡它们能后退一步，或是转个弯，而不是一个劲地往里钻，就不会"自投罗网"。人生的道路其实有很多种走法，并不是非得学马嘉鱼一样，蒙着头不顾一切地往前冲。有的时候，变一变，转一转，死路也可以走活。

太极拳中有个说法叫"避实就虚"，就是告诉我们不要什么都以硬碰硬，要懂得迂回，迂回可以四两拨千斤，可以办到我们用平常办法办不到的事情。

很多人在工作中总是凭着一股劲横冲直撞，从来不对自身的实力和眼前的形势进行分析，结果最后往往折戟沉沙。量力而行，才能确保事情不会办砸。若是一味地好高骛远，而忽略了自身的能力问题，必定会吃大亏。因此，我们不能做那些蚍蜉撼树的傻事。任何时候都要保持头脑的冷静，学会审时度势，看清楚自己的实力，若是没有把握，该退的时候就要果断地退。

一阵狂风刮断了一棵大树。大树倒下的瞬间，看见弱小的芦苇完好无损，便问芦苇："为什么这么粗壮的我都被风刮断了，而这么纤弱的你却什么事也没有呢？"芦苇回答说："因为我知道自己弱小，所以就低下头给风让路，避免了狂风的冲击；而你却仗着自己粗壮有力，拼命抵抗，自然会被狂风刮断。"

《管子·宙合》中曾经讲到，圣贤之人身处乱世，如果明知道治国之道不可行，就会潜伏抑制自己以回避刑罚，静默以谋求幸免。所谓回避，就像夏天避到清凉之地，冬天避到温暖之地，免去寒暑的侵害。但这并不是因为怕死而不忠于国君。因为，如果勉强谏言就会遭受羞辱，且毫无功效，往上说，会伤害君主尊严的义理；往下说，会伤害人臣个人的生命，那不利是十分严重的。所以，隐退而不肯扔掉笏板，停职却不放下读书，为的是等待清明时世。

微子原为殷商贵族，帝乙的长子，殷商最后一个皇帝帝辛的庶兄，帝辛也就是我们常说的商纣王。殷商末年，纣王无道，穷奢极欲，暴虐嗜杀，导致众叛亲离，国势日衰。微子屡次进谏，均不被采纳，于是出走避祸，后来殷商果然被周武王所灭。

武王灭商后，微子乃持商王室宗庙礼器，来到武王军营前，表示投降。他袒露上身，双手捆缚于背后，跪地膝进，左边有人牵羊，右边有人秉茅，向武王请罪。武王为了向天下人展示自己宽厚为怀，将他释放，并宣布恢复他原有的爵位。

有句俗话叫"识时务者为俊杰"，意思就是说人要"知进退，识时务"，只有认清天下大势、时代潮流的人才能成为杰出人物。正所谓"春采生，秋采蓏，夏处阴，冬处阳"，说的就是为人处世要"因时而动，就势而为"。所以，微子没有跟随商纣王赴难，而被周武王封于宋国，成为殷商遗民的领袖，从而使祖宗祭祀不灭，后代不断绝。这并不是因为怕死，而是为了留着有用之躯，做些有意义的事情，而不做无谓的牺牲。

6.要勇敢,更要勇于"不敢"

【原文】

勇于敢则杀,勇于不敢则活。此两者或利或害。天之所恶,孰知其故?

【大意】

好勇而强悍就会容易死,有勇气持守于柔弱就可活。这两种选择,一个得利,一个遭害。哪一个更为天道所厌恶?谁知道是什么原故?

大家经常说,看看谁敢做那件事情,谁就厉害。对敢于做一些事情的人,我们确实要承认他们的勇气,但在相当多的时候,勇于不做某些事,才是真正的英雄,因为他们不仅有勇,还有谋。老子所说的"勇于敢则杀,勇于不敢则活"直白得有点露骨,但与木秀于林,风必摧之异曲同工。

唐朝末年战乱的时候,郭子仪身先士卒,屡建战功,唐肃宗即位之后,他被授予兵部尚书以及节度使等重要职务。在作战两年之后,郭子仪跟随广平王李豫出任元帅,统率十五万大军收复长安。唐肃宗亲自慰劳将士,对郭子仪说:"天下打下来,这都是你的功劳呀!"这在别人看来是莫大的荣誉,但郭子仪自己心里很清楚,唐肃宗对他心有疑虑,害怕他功劳太大,难以驾驭,因此一直没有授予他大元帅的职位。唐肃宗还派了太监鱼朝恩来监督军队。区区一个太监,根本就没有带兵打仗的经历,对军事一无所知,却对军事行动处处阻挠,郭子仪打起仗来非常难受。将帅之间指挥不力,进退为难,皇帝没有办法,只得派郭子仪担任山南东道的行营元帅。鱼朝恩因此心生嫉恨,于是暗中告密唐肃宗,说了郭子仪许多坏话。唐肃宗听信谗言,让郭子仪上交兵权返回京师。命令下达后,将士们群起反对郭子仪这样做,郭子仪只得瞒着部下悄悄溜走。郭子仪奉命回到京城赋闲,没有表现出一丝一毫的不满。

郭子仪一走,史思明再次攻陷了洛阳,西方边境的少数民族政权也在不断进逼。在这危难时刻,大家都推举郭子仪再次出征。唐肃宗没有办法,只好让他重新统率兵马,还封他为汾阳王。唐肃宗这时候已经奄奄一息了,郭子仪要求见他,肃宗临死的时候对他说,平定叛乱就托付给你了。

唐肃宗死后,唐代宗即位,他听信手下的谗言,猜忌功劳卓著的郭子仪,罢免了他的一切兵权职务,让他去督造皇帝陵寝。郭子仪一面尽职尽责做好自己的本分工作,一面把唐肃宗赐给他的诏书全部上缴给皇帝。代宗看后有所感悟,亲自向郭子仪道歉。

紧接着,藩镇首领梁崇义占据襄州,其他叛将则与回纥、吐蕃等少数民族政权一起进犯。唐代宗仓皇间避难,期间又让郭子仪当副元帅,坐镇咸阳。可是,郭子仪罢官回家,身边只有几个将士,无法,他只得凑了民兵一路南下,收集残兵败将,最后好不容易碰到旧日部将前来迎接,这才有了正规的部队。在郭子仪的进攻下,吐蕃连夜败走,郭子仪也趁机收复了失地。

郭子仪在立身处事的时候,有进有退,从不怨天尤人,很多人就做不到他这一点。很多将领手中有权的时候非常得意,一旦掌握了权力就再也没有勇气放下,最终落得个身首异处的结局。所以,勇于不敢的人的确

让人佩服。

在新时代的今天,特别是领导干部,更要汲取老子的智慧,在工作中要敢于探索、勇于创新开拓,想别人所未想,讲别人所未讲,干别人所未干,在实践中开拓进取。正如邓小平所说的:领导干部胆子要再大一些。但光有这些是不够的,在工作中,在个人生活上,他们还要严于律己,敢于说自己"不敢",将贿赂拒之门外,远离声色犬马的生活。

权力是一把双刃剑,它既能成就你,也能毁掉你,"勇于不敢"能防止这把剑刺到自己。只要多一份不敢,你就会多一份主动,多一份安全。领导干部要有如履薄冰、如临深渊的心态,常思贪欲之害,常弃非分之想,千万不要因无所不敢而让自己创造的辉煌毁于一旦。

7.功成身退才是真英雄

【原文】

功遂、身退,天之道也。

【大意】

一件事情做得圆满了,就要含藏收敛,这才是合于自然规律的。

老子之所以一直在劝那些为政者功成身退、激流勇退,很大一部分是基于当时他所处的时代背景。

春秋末年,时局变幻,在升降变迁的历史潮流中,多少政权在得势时如日冲天,失势时不日之间便销声匿迹,又有多少英雄在得势时声威显赫,在失势时家毁人亡,不得善终。老子对此不免慨叹。佛家也曾经说过:"崇高必致堕落,积聚必有消散。缘会终须别离,有命咸归于死。"两者可谓寓意相同。

笑看风云,历史上功成身退之人不胜枚举,他们都有一个共性,就是能够看清时势。

春秋时期的范蠡出身贫寒,却胸怀韬略,年青时就学富五车、满腹经纶,但不被权贵赏识,一直默默无名。当时,南方吴国与越国争霸,连年征战不休。一开始,越王勾践打败了吴王阖闾,阖闾死后,其子夫差即位,为报父仇,在夫椒山将越王勾践打得落花流水,勾践仅剩5000兵卒逃回会稽山。范蠡在勾践穷途末路之际投奔越国,商议与吴王夫差议和之事,于是被拜为大夫,陪同勾践夫妇在吴国为奴3年。3年之后,他与文种拟定了兴越伐吴之术。首先,他跋山涉水求访到了德才兼备的女子西施,将之献给吴王,让吴王沉迷于酒色之中,不理政事,接着又辅佐勾践制订富国强兵的策略。20余年间,范蠡苦心戮力,终于使吴王夫差兵败身亡,成就了越王勾践的不朽霸业,被尊奉为上将军。

在欢庆之时,范蠡功成身退,传说与西施泛舟西湖,过上了隐姓埋名的生活。后来,他到了齐国,带领着儿子与门徒在海边结庐而居,辛勤耕作,并致力于经商,几年间就积累了数千万的家产。他仗义疏财,深受齐人敬重,齐王把他请进国都后,拜他为相国,请他主持国家政务。他慨叹道:"我当官到了相国,治家能够有千金之多。对于一个白手起家的平民百姓来说,已经到了极点。若是长久受这样的荣誉,怕不是好的兆头。"于是,3年后,范蠡向齐王提交了相印,散尽家财而走。

无官一身轻的范蠡来到山东定陶西北,这里是中原的交通地带,非

常适合经商。范蠡根据时节、气候、民俗风情治理产业，不到几年又成了大富之人，自号陶朱公。后代史学家称范蠡忠诚报国，智慧能够保全自己，经商能致富，天下闻名，确实是不凡之人。

相比较而言，与范蠡同侍于越王勾践的大夫文种就没有这么好的结局了。就在越王勾践在吴国为奴期间，文种主持国政，他实行爱民之道，总结出了征伐的经验，并提出了讨伐吴国的9条策略。打败吴国之后，范蠡在隐退时给文种留了一封信，信中说："天上的鸟没有了，好的弓箭就会被藏起来；兔子没有了，捉兔子的狗就会被烹着吃了。"范蠡的意思就是让文种快点辞官隐退。但文种并没有这样做，只是假装生病不入朝。这时有人进谗言说文种想要谋反，勾践轻信谗言，赐给文种宝剑说："你当初给我出了9条对付吴国的策略，我只用3条便打败了吴国，剩下6条在你那里，你用这6条去地下为寡人的先王去打败吴国的先王吧。"最终，文种被迫自杀。

后世以此为戒者不在少数，但仍有很多人贪恋高官厚禄，不能免于此。可见，要做到功成身退并不是一件容易的事情，必须要有老子那样的心境。

秦汉时期的张良本出生于韩国的官僚家庭，家境富裕，祖上曾任过高官。但是，秦始皇统一六国的时候，把韩国给消灭了，张良报效国家的宏图大志也随之破灭了。为了报国破家亡之仇，张良拿出家财来收买刺客，刺杀秦始皇。他找到了一位大力士，在秦始皇东巡的时候趁机伏击，可是120斤的大铁锤误中副车，惹得秦始皇大怒，下令全国通缉张良。张良只好隐姓埋名，流亡到江苏一带。后来，他在高人的指点下，得到了《太公兵法》，并潜心研读。

秦末农民大起义时，他投奔了刘邦。刘邦与项羽协议兵分两路攻打咸阳，并约定先入关者为王时，张良建议立韩国公子韩成为王，让刘邦走

南路，引兵南下，直趋霸上，灭了秦朝。刘邦进入咸阳之后，看见秦朝宫殿富丽堂皇，财宝堆积如山，宫女如云，不禁飘飘然起来。可是张良力劝刘邦认清形势，宝货无所取，还军霸上，据隘固守，等待项羽。

在鸿门宴上，刘邦又听取了张良的建议，央求项伯给项羽带话，说自己据隘防守是为了防范盗贼，驻军霸上，正是为了等项羽来处置。后来，项羽的手下范增打算让项庄在舞剑的时候杀掉刘邦，张良见状不妙，赶忙让刘邦借上厕所的机会逃回了霸上。

鸿门宴后，项羽自立为西楚霸王，并把刘邦封为汉王，居巴蜀之地。张良劝刘邦将计就计，前边往汉中走，后边烧掉从汉中通往关中的栈道，表明自己并无北上的心思，然后趁项羽不加提防的时候，"明修栈道，暗度陈仓"，挥师东进，经过3年多时间的"楚汉战争"，终于打败了项羽，建立了汉家天下。

汉初封赏功臣，刘邦评价张良是"运筹帷幄之中，决胜千里之外"，要封他为齐三万户侯，张良却一再推辞说："我不敢接受这样的封赏。我初见皇上是在留城，但愿封到留城就可以了。"于是，他被封为"留侯"。张良多病，便趁机提出了辞退的请求，从此脱离了政界，学习道家修身之道。

对于张良这位实实在在的伟人，后世是普遍敬仰的。其舍财求士、博浪椎秦的勇气，显示了中国人抗暴的精神；其"运筹帷幄，决胜于千里之外"的思辨能力，对后人是一种智慧启示；而其轻名位利禄、功成身退保名节的洒脱，更是值得人们追求的操守。

与张良相反，韩信就是因为不懂得"功成身退"的道理，最后落了个凄惨的下场。

毫不避讳地说，刘邦的江山有一大半都是韩信打下来的。韩信功高盖主，在刘邦当皇帝之后，他本应该想到这点，但他却傻乎乎地以功臣自

185

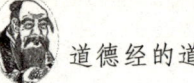

居,完全没有了当初带兵打仗时的聪明智慧。刘邦为了巩固自己的地位,上台后做的第一件事就是削弱韩信的势力,把当时还是"齐王"的韩信徒封为"楚王",使其远离自己的发迹之地。之后,有人告发韩信"谋反",于是,刘邦又将他再贬为"淮阴侯",不出几个月,吕后又和刘邦唱了一出双簧:前脚刘邦带兵出征,后脚吕后就让萧何将韩信诱至长乐宫,然后冠以"谋反"之罪将其处死。

在古代,功成身退是一种明哲保身的方法,只有智者可为。人生在世,竭尽所能报效社会是必要的,但一旦成功了,危险也就随之而来了,所以,我们要学会韬光养晦、内敛锋芒。

有了功不居功,有了名不恃名,任何时候保持一颗平常心,是我们一生都需铭记的智慧。

8.宽容他人就是善待自己

【原文】

和大怨,必有余怨,报怨以德,安可以为善?是以圣人执左契,而不责于人。有德司契,无德司彻。天道无亲,常与善人。

【大意】

企图和解深重的怨恨,必然还有余下的怨恨保留着。用德来报答怨恨,这怎么可以算是妥善的办法呢?所以,圣人虽然保存着借据的存根,但并不向人求索偿还。有仁德的人就像经管

借据那样从容,无仁德的人则像持着讨债的秤那样斤斤计较。

"天道"运行的规律是没有偏爱的,它只和仁善的人同行。

世间纷扰,总会产生各种各样的怨愤,但人们对于怨愤的态度是不同的。有高尚道德情操的人会把怨愤看得非常轻,因此,他不会轻易去找别人的麻烦。

北宋初年,宋太祖赵匡胤突然逝世,赵光义在太监王继恩的辅助下登上了皇位,这就是历史上著名的宋太宗。宋太宗的继位在当时引起了朝野的动荡,为了收买人心,他大规模地开科取士。太平兴国二年,宋太宗第一次开科取士时就录取了500名进士,吕蒙正正是这次开科取士中的头魁。

对于这批新进士,宋太宗都给予了重用。吕蒙正作为第一名,自然少不了优待,被授予了监丞的职位,升为州通判,还给钱20万。此外,太宗还下旨说,如果遇到对百姓们不好的事情,准许他们通过驿站向皇帝汇报。因此,在宋太宗的关注中,吕蒙正很快就参与到了对国家事务的处理中。

吕蒙正入朝为官的时候正当壮年,不到四十,他的迅速升迁引起了很多人的不满,尤其是那些老臣。但是,当时皇帝非常器重他,谁也奈何不了,为此,他们只能在背后说他的坏话,发一下牢骚。有一次,吕蒙正刚刚跨进朝堂,就有个人指着他说:"这个小子也能参政?"吕蒙正假装没有听见,从那个人面前走了过去。与吕蒙正一块上朝的同僚听了这句话之后,愤愤不平地说了起来,非要找出那个人。吕蒙正急忙阻止说:"如果知道了他的姓名,我一辈子都会忘不了,还是不知道的好。"在新旧朝臣的矛盾中,吕蒙正以宽容的态度赢得了别人的好感。

人与人交往，应着眼于未来，不念旧恶。原谅别人，是对待自己的最好方式。为你的仇敌而怒火中烧，烧伤的是你自己。人能怀着一颗宽恕他人之心待人，必能使自己远离痛苦、仇恨和报复，随之而来的是淡定、温馨和和谐。

宽恕别人可以消除怨恨，化解敌对情绪，赢得友谊和称赞。成天都生活在仇恨之中的人，永远都体会不到什么叫快乐。如果一个人凡事都斤斤计较，势必会与周围敌对化，而格格不入。所以，我们应该尝试着去宽容别人，这样既能化解矛盾，又能增进彼此间深厚的友谊，更能令我们的身心愉悦健康，何乐而不为呢？

第二次世界大战期间，两名战士与部队失去了联系。他们带着剩余的一点鹿肉，在森林中艰难跋涉，互相鼓励。

一天，两人遇敌，在逃跑的途中，忽听一声枪响，走在前面的年轻战士肩膀中了枪。后面的战友惶恐地跑了过来，把自己的衬衣撕下为他包扎伤口，他抱着战友的身体泪流不止。

晚上，未受伤的战士一直叨念着母亲，两眼无神。他们都以为自己的生命即将结束，身边的鹿肉谁也没动。第二天，部队找到了他们。

事隔三十年后，那位受伤的战士安德森说："我知道是谁开的那一枪，他就是我的战友。他去年去世了。在他抱住我时，我碰到了他发热的枪管，但当晚我就原谅了他。我知道他想独吞我身上带的鹿肉活下来，但我也知道他活下来是为了他的母亲。此后，我装着根本不知道此事，也从不提及。很多年后，他说出了事情，请求我原谅他，我没让他说下去。我们又做了二十几年的朋友，我没有理由不原谅他。"

莎士比亚说，宽容就像天上的细雨滋润着大地，它赐福于宽容的人，也赐福于被宽容的人。

面对那些伤害你的人，如果你紧紧抓着自己的伤痛不放，那就等于是给那些伤害你的人力量，让他们继续控制你；可是当你原谅了他们，你就切断了跟这些人的连结，他们将再也不能伤害你。宽恕别人的错误不只是放他人一马，更是对自己的善待。

诺贝尔和平奖获得者、南非黑人领袖纳尔逊·曼德拉在度过了长达27年的监禁生活后，第二天就投入到了自己钟爱并为之奋斗了一生的争取民族独立和解放运动中，并在南非首度不分种族的大选中获胜，成为南非第一位黑人总统。

有5万人参加了就职典礼。面对3名前狱方人员的到来，他邀请他们站起身并将其介绍给大家。在场的人无不为之感动。当其中一位美国特使团成员、当时身为第一夫人的希拉里问他如何在激流险壑、风云变幻的政治斗争中，保持一颗博大、宽容的心时，曼德拉意味深长地看了她一眼，以自己获释出狱当天的心情回答了她。

他说："当我走出囚室、迈向通往自由的监狱大门时，我已经清楚，自己若不能把悲痛与怨恨留在身后，那么我其实仍在狱中。"他没有深陷于心的监狱而成为自己的囚徒，而是宽恕了别人，善待了自己。

报复会使仇恨者和被恨者双方都陷入仇恨越结越深的痛苦深渊中。佛陀说："你永远要宽恕众生，不论他有多坏，甚至他伤害过你，你一定要放下，才能得到真正的快乐。"当我们的心灵选择了宽恕，我们便获得了应有的自由，因为我们已经放下了仇恨的包袱。

当然，消除内心的仇恨并不是一件容易的事。当你心中充满怨恨的时候，如果一味地强迫自己忘记，恐怕会适得其反。这时，不妨换一种思路，尝试暂时承认心中的仇恨。因为从某种意义上来讲，正视自己心中的怨恨，就意味着你走出了宽恕的第一步。

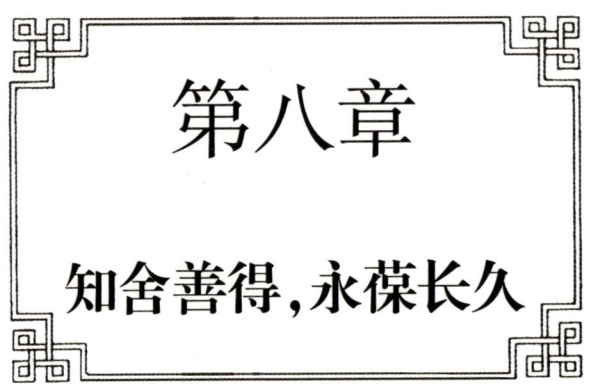

第八章

知舍善得，永葆长久

1.少一分贪婪,多一分幸福

【原文】

圣人为腹不为目,故去彼取此。

【大意】

圣人生存在世间,无生存之虞就已知足,不求看着好看,因而抛弃外在的追逐,只取内在的满足。

老子针对当时社会中人丧失自我于物欲、迷失本性于世俗的现象,阐述了修身养性的道理。他认为:"圣人为腹不为目,故去彼取

此。"圣人对生存的条件并不苛刻,他们没有过多的贪欲,只追逐内心的满足。

像老子这样对人与社会认识透彻的人,对于人生的态度是不会过于激进的。他们知道人事的微妙和社会的错综复杂,如履薄冰是他们真实的感觉,很少有放松的时候。烦恼都是因事而起,而好事也绝非那么单纯。其实,人们眼中的美事有许多都是虚幻的,它们能让人逐步堕落。过分地追逐物欲只能给人们带来一时的快乐,而引发的祸患却是长久的。

春秋时期,越国被吴国打败,越王勾践带领残兵逃到会稽山上,被吴军团团围住。勾践派人向吴王夫差请降,夫差不答应,勾践陷入了绝望。

这个时候,勾践的谋臣文种、范蠡为他出主意说:"吴国大臣伯嚭十分贪财,他现在正受夫差宠信,如果用重礼向他行贿,他一定会为我们说好话。"

于是,勾践让文种带上大量金银财宝,又选了8位美女,前去求见伯嚭。

伯嚭偷偷接见了文种,他一见重金和美人,心中就十分高兴。文种对他说:"我奉命来见你,是不想让好事给别人占去。财宝和美人都在这,只要你肯替我家大王美言几句,让吴王退兵,这些就都是你的。"

伯嚭说:"越国灭亡了,越国的东西都会归吴国所有,这点东西又算得了什么呢?你是骗不了我的。"

文种早有准备,他马上说:"如果是这样,越国的一切也是都归吴王所有,你是得不到半点好处的。何况只要越国不亡,我们定会时时记得你的恩德,进献永远不会停止。这是天大的好事,聪明人是不会拒绝的。"

伯嚭觉得文种说得在理,便收下了美人和财宝,答应替越国求情。

伯嚭的一位心腹看出了问题,他说:"越国送钱送人,看是好事,实际

上是要陷你于不义啊！他们现在有求于你,才会这样,哪里是他们的真心呢? 收下礼物,以后的麻烦就大了。"

伯嚭不听规劝,在吴王面前说勾践的好话,越国终于得以保存了下来。

勾践在吴国做人质期间,文种给伯嚭送礼无数,从未间断。在厚礼的贿赂下,伯嚭不停地为勾践进美言,最终帮助他回到了越国。

勾践灭掉吴国后,伯嚭自以为有功,欢天喜地去拜见勾践。勾践对他说:"你贪财好色,出卖自己的国家,还有脸见我吗? "

后来,勾践杀了伯嚭,他的家人也一个不留。

伯嚭让主动上门的好事迷住了双眼,不厌其多,结果搭上了自己和全家人的性命,还断送了吴国。

古人因为贪欲而丢权丧命的不在少数,而现代人却仍旧没有感悟老子在这方面的智慧,总是认为吃点、拿点、收点不算什么大问题,这种自谅心态使有些人忽视了贪欲之害。殊不知,"恶不积不足以灭身"。一个人贪欲之口一开,就不会满足于小打小闹,最终势必会滑入贪欲的泥潭难以自拔。

不要过分去追逐那些"生不带来、死不带去"的虚空幻物,在诱惑面前止步,各种贪欲就不会成为扼杀我们美好人生的隐形杀手。换句话说,人生少一分贪念,便会多一分快乐、幸福。

2.该放手时就放手

【原文】

持而盈之,不如其已。

【大意】

当拥有了不能再多的物品时,不如适时地停止拥有。

老子提倡"知足知止",他认为,"持而盈之,不如其已"。当拥有的物品不能再多的时候,就要学会停止。如果依然不知道满足,放纵欲望,无休止地追逐声色名利,最终必会受到私欲的毒害。

清乾隆年间最风光的大臣非和珅莫属。和珅原是一名默默无闻的三等侍卫,后来经过一系列机缘,他成为了皇帝身边的红人。乾隆在位时,和珅可谓呼风唤雨。乾隆对于他的贪污之事并非全然不知,然而由于对他甚为喜爱,所以选择了睁一只眼闭一只眼。

和珅之死,一是与乾隆退位有关,另一个就是他过于贪得无厌。据查抄时记载:他的家产中包括了无数的奇珍异宝,有的甚至连皇宫都不曾拥有。他的家产折合了两亿六千四百万两白银,还有许多价值连城的宝物无法估价。如果按现在的估价一算,和珅大概拥有11亿多两白银的资产,简直富可敌国。

这么多的资产是和珅不知疲倦、不知休止地贪污而来的。也可以说,

这些资产加速了和珅的灭亡，是他的催命符。

"知足知止"是明智之举，尽管这样不会得到很多，但它却可以让我们拥有某些实在的东西，更不会为了无底的欲望而丢掉性命。

有个阿拉伯神话：有一个人去寻宝藏，历尽千辛万苦终于找到了藏宝的山洞。他小心翼翼地走进山洞，看到里面有个宝瓶，宝瓶上贴着一张字条写道："打开瓶盖，里面就会冒出金沙。请在取到足量的金沙后把盖子盖上。"这人欣喜若狂，立刻打开瓶盖，金沙果然就像礼花炮一样飞射而出，黄金灿烂，就像梦一样美。

"发大财了！"这人用袋子装、用帽子接、用衣服兜、用双手捧，连鞋子里面也盛满了金沙。宝瓶里的金沙如喷泉般涌出，越喷越多，渐渐地，这人没东西装了，金沙从他手上溢出，但他还是一动不动地跪在地上捧着手接。他太高兴了，已经陷入了疯狂，只顾欣赏金沙狂涌的美景，忘了宝瓶上的告诫："请在取到足量的金沙后把盖子盖上。"最后，他被埋在了金沙堆里。

很多人就像这个寻宝的人一样"不知足""不知止"，结果一无所获。

每个人都有欲望，欲望太多，人生就会疲惫不堪。每个人都应学会轻载，如果生命之舟负荷太重，就会搁浅，就会沉默！

"知止而后得，不止而后失"，说的就是"知足知止""该放手时就放手"的智慧。这种智慧表面上看是一种中庸之术，但它却能使人们正确地对待欲望与现实，让人们能够享受到属于自己的那份幸福。

3.与损友果断绝交

【原文】

绝圣弃智,民利百倍。

【大意】

抛弃聪明智巧,人就会获利百倍。

只有舍得放弃,才能有所收获。我们必须与一些不适合的朋友绝交,才能交到真正志同道合的朋友。

"让损友留在身边,会耗损益友的时间和精力,伤害你的自尊或者害了你自己。"社会学家《当朋友让你伤害》的作者詹·耶格博士如此说。这里,她解析了12种你可能想要与之绝交的所谓的朋友。

(1)吹毛求疵的人

他们对你所做和所说的每件事情都一直挑刺,这种行为,有时候会感染他人(情绪)。如果这个朋友也有一些可以弥补缺点的优点,那你就不要把他过度挑剔的意见放在心上,或者开个玩笑,如:"让我们看看,如果你不发表任何批判意见,是不是能坚持一个小时。"可是,如果你抛不开这些,或者自尊受到了极大伤害,那就应远离这种关系。

(2)心理诊疗师

忠告太多不是什么好事,尤其是当这些忠告出于你的同一个朋友时。如果你继续和他交往,是因为他还具有其他很好的特质,那么,告诉

你的朋友,除非是你主动要求,否则你不需要别人的建议。或者绝口不提他给的建议,而只是谢谢他。还有别的解决办法吗?你也可以分析他的性格,这样可以使他意识到总给别人建议会有多烦人。

(3)自恋狂

从某种程度来说,每个人都是自恋的,但若总是以自我为中心,从不让别人分享他自己的任何事情,那这种行为就有点让人厌烦了。他可能并未意识到自己的行为,所以,你要让你的朋友知道。如果他不能抑制这种性格,而你也不想要终结这份友谊,那就限制他絮絮叨叨谈论自己的时间,然后,给自己同样长的发表意见的时间。

(4)一味模仿者

模仿是奉承的最高级形式,但这会让你和朋友之间产生敌意。如果你想和他交往,可以通过更多的单独行事或者当分享某信息时掌握好合适的时间,来保护你自己。可是,如果这种性格太烦人,你就可以终结友谊。

(5)爱违约者

这种朋友经常让你失望,所以,如果你想继续和这种人交往,就要降低期望值。同时,也要和你的朋友谈谈这种行为。通过下面的问话来提示她,如:"你知道吗?这是两个月内,你第四次在最后一刻取消午餐。"然而,如果这种性格置你于太多不利情形,因为受到这样的待遇,你感到灰心丧气或失望,那你也许可以放弃这段友谊了。

(6)好"冒险"的人

从入店行窃、以身试毒到不顾后果驾驶,这类朋友的行为应引起你的警戒,你要保护你自己。如果你想要帮助朋友停止"冒险"活动,不要试着单靠你自己来改变他,你朋友需要来自专业理疗师的帮助。然后,告诉你的朋友,你会暂时中止你们的关系,直到他改过自新。

(7)竞争者

有些竞争是良性的(如果朋友的目标或者成就能成为你的动力),但

是,如果竞争者想得到你所拥有的东西,以一种敌意的方式行事,甚至不惜一切手段得到你拥有的东西,这可能会让你付出惨痛的代价。如果朋友一定要得到一所比你拥有的更大更贵的房子,以显得比你更成功,那你就可以摆脱他了。

(8)寄生者

这种朋友在情感方面或者信息方面过度依赖于你。被别人需要会让你觉得很受用,事实的确如此。当然,当其他朋友因为太忙而不能陪你时,寄生者可能会陪在你身边。但这种精力吸血鬼会大量消耗你的精神,这就是为什么你要考虑一下这种朋友是否值得你交。只要你设有忍耐限度,并且知道这种人可能会对你做出过分要求,你还是可以与这种人来往的。

(9)虐待狂

不要容忍任何言语上、身体上或性虐待你的人。当然,在某些情形下,很难确定怎样就构成了虐待。记住,如果某人言论和谈及你时恶意、不道德,你就受到了口头虐待。虽然性虐待可能不太明显,因为它包括某些微妙的行为,如开些无礼或色情的玩笑,不适宜的谈话或性骚扰。如果有必要,可以向当地警局、咨询中心、受害者康复项目、成瘾康复项目和紧急状况热线求助,让这种人远离你。

(10)出卖朋友者

从撒播关于你的谎言到追求你的恋人,出卖朋友的人所作所为刚好是朋友的反面。如果出卖朋友的行为只发生了一次,你可以决定继续友谊,但要让这个家伙知道你不能接受这种行为;如果你不能原谅,那就中止友谊,只是不要激起他的愤怒,否则他会与你为敌。

(11)控制狂

控制狂朋友可能会拿出你所做的每件事情,对你所做的和想要做的每件事情都不请自来地给出意见。那是不容商量的,因为如果你想对某

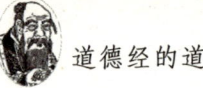
件事作出选择,控制狂会专横地干预你的选择。如果你想保持这段友谊,就让那个人知道你有多么不喜欢受控。可是,这种个性有时会变得很不利,以至于你需要断绝这种关系。

(12)扫兴者

"扫兴者是一种让他进入你生活时你必须小心的人，因为这种性格会感染他人。"耶格说。这种人会一直情绪低落,但有讽刺意味的是,如果你达观而积极,那可能是扫兴者被你吸引的首要原因。做心理治疗师可不是你的工作,但你要知道,如果没有专业帮助,他可能改变不了。你要确定,在缺点之外,他是否有一些可以弥补的优点,有他在身边,你是否仍可以保持达观。如果答案是否定的,那就结束友谊,不要仅仅因为你为他感到遗憾而和他继续交往。

4.不畏名利遮望眼

【原文】

名与身孰亲？身与货孰多？得与亡孰病？甚爱必大费,多藏必厚亡。

【大意】

名誉与身体哪一个对我更亲近？财货与身体哪一个对我更重要？得到与失去哪一个对我更不利？所以,过于吝啬必会导致更大的破费,太多收藏反而会导致更多的损失。

老子生活的春秋时期，正是诸侯并起、互动干戈、生灵涂炭的时代。在乱世中，各诸侯国中的政局也是一片混乱，争名夺利者比比皆是，身败名裂者数不胜数，家破人亡者举目皆是。在这样的情况下，怎样才能保护自己呢？老子首先提出了这样的观念：自己的身家性命才是最重要的，名望、钱财这些东西和身家比起来，并不是最重要的。所以，他告诫人们不要"甚爱"，不要"多藏"，身家性命比名誉、财货更重要。

可是，人的贪欲之心是无止境的，有了一百就想要一千，有了一千就想要一万。以炒股为例，有多少人赚了一万想要十万，赚了十万就想二十万，等到哪一天全赔进去了才懊恼地叫苦不迭，但是为时已晚。

其实，很多人都懂得"多藏厚亡"的道理，但仍屡屡出现"多藏厚亡"的现象，归根结底，是因为他们没有学会知足、适度，没有把自己的心境修炼好。反之，那些淡泊名利者，虽然看似损失了很多，但他得到了许多更重要的东西。

汉朝的名相邴吉是一位深通老子的能臣。汉昭帝即位后，大将军霍光辅政，邴吉担任大将军长史，也就是相当于现在的高级辅佐人员。邴吉执政有方，很受霍光器重，因此被提拔为光禄大夫给事中，成为了皇帝身边的人。不幸的是，汉昭帝在21岁的时候就去世了，邴吉从朝廷大局出发，向霍光推荐汉武帝的曾孙刘病已为太子，继承皇位。他对霍光说，曾皇孙刘病已现在民间，已经有十八九岁，他通晓治国之道，行为严谨，举行也很谦和，是合适的继承人。霍光认为他说的很有道理，便上书皇太后，册立刘病已为皇帝。霍光派邴吉亲自去接刘病已继承皇位，这就是汉宣帝。

刘病已的祖父刘据曾经是汉武帝立的太子，在汉武帝晚年"巫蛊之祸"爆发的时候，刘据被逼自杀，刚刚出生不久的刘病已也被投入了监

狱。刘病已年幼的时候多经磨难，邴吉曾经对他照顾有加。如今刘病已登上了皇位，若是一般人，肯定会将自己的功劳挂在嘴边，向皇帝要名要利。可是邴吉完全没有这样的想法，他一心为朝廷着想，踏踏实实地干事，在人前从来不说过去对皇帝的恩德。刘病已也不清楚邴吉对自己有多大的恩惠，朝中的官员更不清楚他对皇帝有多大恩德。因此，汉宣帝即位之后，只是给了他一个"关内侯"的官位。邴吉对自己过去的功劳只字不提，无怨无悔地为国家尽力，很是令人钦佩。不久，他被提拔为御史大夫。在霍氏的阴谋败露后，刘病已亲政，邴吉担任尚书，大权在握，辅佐刘病已处理朝政。公元前66年，刘病已册立太子，派邴吉担任太子的老师，他忠心耿耿地教育太子，深受皇帝赞誉。

一天，一位老宫女上书说，自己早年曾经保护养育过皇帝，要求封赏。汉宣帝派人去询问，那位老宫女说邴吉知道这件事情。于是，那位宫女就被带到了邴吉家中。邴吉一看便知她根本不是那位养育皇帝的宫女，他指着那位宫女说："我是曾经让你好好照顾皇曾孙，可是你根本不尽心，甚至经常打他，你有什么功劳！只有渭城的胡组和淮阳的郭征卿对皇上有养育之恩。"邴吉这才把汉宣帝早年的事情一五一十地说出来。汉宣帝听说后，明白邴吉才是自己的救命恩人，于是立刻召见他，说他明明有如此大功却只字不提，真乃贤臣，立刻下令封他为博阳侯。

受封之前，邴吉已经病重，汉宣帝就让人把封印佩戴在邴吉身上，表示封赏，可是邴吉仍然谦恭地辞谢。在他病好之后，他上书辞谢赏赐，并谦虚地说："我不能无功不受禄，接受虚名和赏赐。"汉宣帝则动情地说："封赏你是因为你对朝廷有大功，这不是虚名。你上书辞谢，我若是同意了你的辞谢，那我就是一个知恩不报的人。如今天下太平，你就安心养病吧。"

邴吉原本只是小吏出身，他自学成才，后来做到丞相的位置，可谓位高权重。但终其一生，邴吉既不为自己邀名，也不敛财，不仅生荣死衰，还泽及子孙。邴吉死后,他的儿子邴显犯了罪,司隶校尉奏请逮捕,皇帝说:"故丞相吉有旧恩,朕不忍绝。"只是把邴显免职,夺取封邑400户。这不能不说是邴吉留下的恩泽。

传说乾隆皇帝下江南时,有一次看江中无数的船驶来驶去,就问随从的大才子纪晓岚:"这江上有多少条船?"这是一个难题,但纪晓岚沉思片刻答道:"只有两条船,一条为名,一条为利。"司马迁在《史记·货殖列传》中开宗明义地说:"天下熙熙,皆为利来,天下攘攘,皆为利往。"自古以来,"名"与"利"这两条船,不知成就了多少人,也不知毁灭了多少人。

5.少私寡欲心无忧

【原文】

见素抱朴,少私寡欲。

【大意】

生活简单,保持质朴。减少私心,降低欲望。

"少私寡欲"用现在的话来说,就是减少自身的私心和欲望。

事实证明,人们的私心和欲望越多,在这方面耗费的精力和时间就会相应地增多。凡事都应有一个限度,一旦这样或那样的私心、欲望过

多,就会消耗掉我们更多的精力和时间,打破原本正常的生活秩序和心态,许多悲剧的发生正是源于此处。

五代时,后唐皇帝李存勖以救国救民号召百姓,招募将士,先后灭掉了后梁等国,势力达到了顶点。

天下略为安定后,李存勖开始贪图享乐。他对大臣们说:"我军征战多年,今日有成,应该休息罢兵,享受太平生活。"从此,李存勖不理朝政,天天忙着看戏玩乐,一些忠直的大臣也被他疏远了。

皇后刘玉娘特别爱财,她把国库窃为己有,积攒了堆积如山的财宝。她任用自己的亲信做捞钱的肥差,四处暴敛,到处横征,弄得百姓怨声载道。

忠心的大臣把刘玉娘的行为报告给了李存勖,说:"当天下人的君主,应该关心天下人的生死,这样,人们才能爱戴他,国家也才会安定。现在皇后只顾自己捞钱,全不管百姓如何生活,这样下去是要出大事的,皇上一定要好好管教她。"

李存勖这时已失去了往日的爱民之心,他为皇后辩护说:"筹钱粮,救民于水火,百姓一定会感激皇后的仁德,誓死保卫国家。"

刘玉娘把国库的东西视为自己的私产,她拒不交钱出去赈灾,还生气地说:"你是宰相,救济百姓是你的事,与我有什么关系?"

她只拿出两个银盆,让宰相卖了当军饷。宰相长叹一声,掉头就走。他对自己家人说:"皇上、皇后只为自己享乐积财,这样怎能治理好国家呢?他们太自私了,国家一定会灭亡,我们还是另做打算吧。"自此,宰相也不管事了,朝廷陷入了瘫痪。

没过多久,大将李嗣源就率兵反叛。李存勖领兵平乱,愤怒的士兵纷纷投向叛军,不愿再为李存勖卖命。

李存勖见事不好,急忙用重赏安稳军心。他对士兵们说:"我带领你

们打天下，绝不是为了我自己，是为了你们啊！这次如果平定了叛乱，你们每个人都有重赏，我说到做到，绝不食言！"

士兵们早就不相信他了，这时见他还在说谎，不禁更加愤怒。他们发动了兵变，乱箭射死了李存勖。刘玉娘逃进了尼姑庵，也被士兵搜出绞死。

李存勖、刘玉娘平时不知关爱将士百姓，只知自己享受捞钱，最终导致国家灭亡。

一心为私的人是干不成大事的，他可以利用人于一时，一旦被人识破真面目，所有人都会离开他、反对他。为多数人谋取福利，首先要放弃个人的私利，这样才能处事公平，赢得世人的信任。

人有七情六欲，这无可厚非。但人也是有理性的动物，必须懂得如何控制和疏导自己的欲望。如果任由欲望泛滥，那可能会伤人伤己，最终什么事情都做不成。对于掌握一定权力的人来说，这一点尤其重要。

吴隐之是淮阳初城人，初城也就是今天山东的聊城。他的家族曾经很有背景，祖上吴质曾经是魏文帝曹丕信赖的侍中。后来，家道中衰，吴隐之的父亲就沦落为了下层的寒族。他十多岁时，父亲去世，这对本就不富裕的家庭可谓雪上加霜。贫苦的生活磨练了他的性情，少年老成的吴隐之更加勤奋好学、吃苦耐劳，他孝敬父母、敬重师长，为人正直，从来不贪图非分之想。

尚书令谢石慧眼识珠，聘吴隐之为卫将军主簿。不久，吴隐之的女儿要出嫁了。即使是平民家庭，女儿出嫁也是一件大事，更何况是官宦人家呢？谢石知道吴隐之清贫如洗，便吩咐厨师带着物品去吴家帮着操办婚事。可是，当厨师到达吴家后，却发现吴家人与平时一样，根本没有一丝一毫官宦人家的喜庆气象。

吴隐之出任晋陵太守之后，与当地官员的所作所为迥然相异。晋陵这个地方是北民南迁的重镇，北方居民乔迁到这里，鱼龙混杂，很多地方官员可以凭此搜刮钱财，中饱私囊。可是吴隐之上任之后，恪守清廉，从不以权谋私。他家甚至没有仆人，家里的事情基本全由妻子包办。

任职期满后，吴隐之被调回朝中，获得荣升，历任中书侍郎、国子博士、秘书监、御史中丞等职。当时，东晋王朝一片混乱，官场上更是污浊不堪，达官权贵争权夺势，或沉迷于酒色，或为祸百姓。吴隐之却是丝毫不改旧行，依旧秉持着他清廉正直的行为操守。他不贪图富贵安逸，也不攀附权贵，即便是得了赏赐与俸禄，也总要与那些贫苦的亲族一块享用。据说吴隐之在寒冬腊月里，竟然没有一床像样的被褥，衣服也没有可替换的，妻子为他洗衣时，还要给他披一块棉絮，等衣服干了再换上。

吴隐之不仅廉洁自律，还严于治吏，他手下的官员都不敢胡作非为，更不必说骚扰百姓了。岭南素以贪赃渎职闻名，可是在吴隐之的治理之下，风气为之一变，朝野一片赞誉。晋安帝还为此下诏褒奖吴隐之，并赐钱五十万，谷千斛。

吴隐之在乱世浊流中能够洁身自好，与其清心寡欲的心境是分不开的。

正所谓，无欲则刚强，无私才博大。有的人把个人利益、名声、地位、权势看得高于一切，地位略有动摇，利益稍有损失，权势稍有削弱，就看成是大祸临头，结果生活得非常痛苦。只有挣脱名利的羁绊和生死的束缚，完全从自我占有、自我为中心的心态中超脱出来，心灵的世界才能像浩瀚的天空，任你自由飞翔。

人生在世，有成功，有自豪，也有失败和失落。如何面对，不仅反映出一个人的觉悟、境界，同时也是一种现实考验。不论在什么情况下，对个人的名利、进退、荣辱都要看淡一些、超脱一些。像古人说的那样："宠辱

不惊,看庭前花开花落;去留无意,望天上云卷云舒。""无故加之而不怒,猝然临之而不惊。"事业成功了,不沾沾自喜、忘乎所以;个人进步了,不孤芳自赏、洋洋得意。要调整好心态,把握住自己,脚踏实地地往前走,始终以高昂的精神状态和一流的工作标准谋事尽责,多做贡献。

6.树立正确的取舍观

【原文】

今舍慈且勇,舍俭且广,舍后且先,死矣!

【大意】

现在的人舍弃仁慈而求勇武,舍弃勤俭而求取宽富,舍弃退让而竞求争先,这是死亡之路啊!

古往今来,只要是人,都有一定的追求和舍弃。我们的欲求有超过生命的,我们的恐惧有超过死亡的。不是圣贤才有这样的心境,每个人都有;但只有圣贤才能保持,使之不丧失。

老子向我们证明,但凡成功者,总是会把自己锻炼得"恬淡平安",只有这样才能清楚地认识何为"祸福",因为只有清心寡欲的时候,心中才最坦荡、最清醒。只有做到心神安宁、心智不乱,不为外面的变化迷惑,才能保证做出正确的决策。

　　春秋战国时期的宓子贱是孔子的弟子,鲁国人。有一次齐国进攻鲁国,战争迅速向鲁国单父地区推进,而此时单父正由宓子贱治理。当时正值麦收季节,大片的麦子即将成熟,不久就能收割入库。可战争一来,眼看到手的粮食就会被齐国抢走。当地一些父老向宓子贱提出建议,说:"麦子马上就熟了,应该赶在齐国军队到来之前去抢收,不管是谁种的,谁抢收了就归谁所有,肥水不流外人田。"还有的说:"是啊,这样把粮食打下来,可以增加我们鲁国的粮食,让齐国的军队抢不走麦子做军粮,他们没有粮食,自然坚持不了多久。"

　　尽管乡中父老再三请求,但宓子贱坚决不同意这种做法。过了几天,齐军一来,把单父地区的小麦一抢而空。

　　为了这件事,许多父老都埋怨宓子贱,鲁国的大贵族季孙氏也非常愤怒,派使臣向宓子贱兴师问罪。宓子贱说:"今年没收到麦子,明年我们可以再种。但是,如果官府这次发布告示,让人们去抢收麦子,那些不种麦子的人就可能不劳而获,得到不少好处。单父的百姓也许能抢回来一些麦子,但那些趁火打劫的人以后便会年年期盼敌国的入侵,民风也会变得越来越坏。其实,单父一年的小麦产量对于鲁国实力的影响微乎其微,鲁国不会因为得到单父的麦子就强大起来,也不会因为失去单父这一年的小麦收成而衰弱下去。但是,如果让单父的老百姓以至于鲁国的老百姓都生出这种借敌国入侵来获取意外财物的侥幸心理,这才是我们几代人的大损失呀!"

　　宓子贱自有他的得失观。他拒绝了父老的劝谏,让入侵鲁国的齐军抢走了麦子。他认为这样舍去的只是有形的、有限的那一点点粮食,而得到的却是彻底消除民众存有的侥幸得财得利的心理。

　　很多先哲都明白得失之间的关系。

柳下惠是鲁国的大夫,曾任士师,三次被国君免官,可他却不走。故此《鲁论》上记载说:"柳下惠,担任士师,三次被罢免。"

有人对他说:"你怎么不离开鲁国呢?"他回答说:"正直清白地做官,到哪里去不会被多次罢黜? 没有正义感地做官,那又何必离开自己的国家?"孟子说:"柳下惠被免了官也没有怨言,穷困了也不显出可怜的样子。"

柳下惠明白,要做一个清白正直的人,势必会遭到邪恶势力的嫉恨,而使自己的利益受到损害。但即便是个人利益遭受损失,也不能放弃自己的主张。他看重的是自身的修养,而并非一时一事的得失。

假如一个人为了一点眼前利益就不惜牺牲自己的人格和尊严,做出一些伤天害理的事情,他们还有脸去面对自己的亲人和朋友吗? 换一个角度看,如果仅为了满足一时的欲望和快乐而置一生的名誉于不顾,这种做法明智吗? 这世上最可悲的事,就是违背自己的良知和意志,去做他本不愿做的事。

凡是能成就大事的人,当他们遇到重要的选择时,一定会仔细地考虑:"我到底应该把精力放在哪一方面? 怎么做才能既不使我的品格、精力与体力受到损害,又能获得最大的效益呢?"

我们有许多职业可以选择,即使从事掘沟渠、开煤矿、搬砖石、砌瓦片等比较辛苦的工作,也不应该去做那些有损人格、妨害自尊、违背天良、牺牲快乐、有违情理的事情。

7.因祸为福,转败为功

【原文】

天下皆知美之为美,斯恶矣;皆知善之为善,斯不善矣。故有无相生,难易相成,长短相形,高下相倾,音声相和,前后相随。

【大意】

天下人之所以知道什么是美,是因为丑的存在;都知道什么是善,是因为恶的存在。所以有和无因相对立而依存,难和易因相对立而形成,长和短因相对立而显现,高和下因相对立而依靠,音和声因相对立而谐和,前和后因相对立而追随。

在这里,老子用每个人都能明白的生活中的道理,阐述了一套深刻的辩证观:世上一切事物,都存在着矛盾,是相互依存的关系。他举出一组概念:有无、难易、长短、高下、音声、前后,这些都是相互对立的存在,然而,对立双方分别存在着相生、相成、相形、相倾、相和、相随的关系,亦即相辅相成的关系。这在哲学上有极高的价值,对于我们从事实际工作的人来说,也具有重要的启迪,教给我们一种观察事物的方法和思考问题的方式。

"祸兮福所倚,福兮祸所伏",这是很多中国人都能朗朗上口的名言。在这里,老子强调的最根本的东西,就是变化的可能性和认识到变化的重要性。按照这个思路,在我们面临种种危难的时候,其实已经孕育了转机的苗头和种子。而在各种繁华的背后，则隐藏着危机与毁灭。这一思想和老子关于道的认识一脉相承，对我们认识世界具有十分重要的价值。

从辩证法的观点看，世界上没有绝对的好事，也没有绝对的坏事。好事中潜伏着坏的因素，坏事中包含着好的成分。事物向着自身反对的方向发展，经过逐渐的加量，到了一定的时候，就会变成与自身相反的事物。

《列子·说符第八》里有一个故事，宋国有一个三代专做好事的人，一向很平安。一天，家里的黑牛忽然生出了白牛犊来，他便前去问孔子，孔子说这是吉兆。不到一年，他的眼睛无故瞎了。这时，那黑牛又生了白牛犊，他又叫儿子去问孔子，孔子还说是吉兆。又过了一年，儿子的眼也无故瞎了。不久，楚国来攻打宋国，所有的男人都要去服役作战，大半都战死了，只有这家父子因眼盲没有被征召。等到战争结束之后，他们父子的眼睛又医好复明了。

"横看成岭侧成峰，远近高低各不同。"看问题的角度不同，所看到的东西就不同。同样一件事情，如果从不同的角度去观察和思考，就会有迥然不同的结果。因为任何事物都有两面性，既可以从正面理解，也可以从反面理解。人若有了这种认识，在得意的时候就不会太张狂，不会使失意迅速到来；失意的时候也不必太忧伤，正所谓"留得青山在，不怕没柴烧"，只要坚持努力，否极自然泰来。老子鼓励人们积极地、乐观地面对人生，同时教导我们："得其所利，必虑其所害；乐其所乐，必顾其所败。人为善者，天报以福；人为不善者，天报以祸。"

老子深切明白这些道理，当一件事情发生以后，不论它多么复杂棘手，我们都要看到其有利的一面，这样才能驾驭矛盾，进而解决矛盾。要像汉代杰出的政论家贾谊所说的那样："善为天下者，因祸而为福，转败而为功。"

8.完美本是毒,缺陷原是福

【原文】

难得之货,令人行妨。

【大意】

难得的宝物使人行为不轨。

　　越难到手的东西越没用,世上只有百分百的石头,没有百分百的美玉,"美玉无瑕"是骗人的。连空气都有灰尘,你怎敢说你没有杂质?明白自己本来就"不纯",才能纯洁自己,解脱自己。

　　南宋诗人戴复古的《寄兴》中写道:"黄金无足色,白璧有微瑕。求人不求备,妾愿老君家。"

　　没有一个生命是完整无缺的,每个人都少了一些东西。有人夫妻恩爱,却身患重疾;有人家财万贯,却子孙不孝;有人学富五车,却相貌粗鄙。每个人的生命都被上苍划了一道缺口,你不想要它,它却如影随形。

　　一个德国人为了捕杀偷吃粮食的老鼠,特地买回了一只猫。这只猫擅长捕鼠,也喜欢吃鸡,结果,德国人家中的老鼠被捕光了,但鸡也所剩无几。因此,他的儿子想把猫给弄走,但他却说:"祸害我们家的是老鼠不是猫,老鼠偷我们的食物,咬坏我们的衣物,挖穿我们的墙壁,还损害我们的家具,不除掉它们,我们必将挨饿受冻。我们可以不吃鸡,却不能没有粮食和衣服。"

任何人都难免有些小毛病，只要无伤大雅，何必过分计较？美国著名的发明家洛特纳虽然酗酒成性，但菲利斯顿还是诚恳邀约其去自己轮胎公司工作，最后，洛特纳发明的橡胶轮胎被装在了福特公司生产的汽车上，菲利斯顿的燧石轮胎橡胶公司也因此成为了全美最大的轮胎制造公司。

这就像英国人常说的一句话：没有哪一瓶葡萄酒是没有沉淀物的！

曾有一位弟子问禅师："世上有完人吗？"

禅师笑了笑，从身旁的茶几上端起一只茶杯反问："你仔细看这只杯子，看它与其他杯子有何不同？"

弟子端详一番后答道："这只杯子缺了一角。"

禅师点了点头道："你说得没错，但除了那微小的一角之外，整个杯口不还是完好的吗？这正如每个人都有缺点，若不去计较缺点，那这个人就是很好的人。"

世界上的每一个人，都有无法摆脱的缺陷。有的时候，缺憾反而是契机。大道五十，天衍四九，人遁其一。正因为大道未满，所以才会有变数和机遇。

国王有7个女儿，这7位美丽的公主是国王的骄傲。她们那一头乌黑亮丽的长发远近皆知，所以国王送给她们每人100个漂亮的发夹装饰她们的头发。

一天早上，大公主醒来，一如往常地用发夹整理自己的秀发，却发现少了一个，于是，她偷偷地到了二公主的房里拿走了一个发夹；二公主发

现少了一个发夹，便到三公主房里拿走了一个；三公主发现少了一个发夹，也偷偷地拿走了四公主的一个发夹。五公主、六公主如法炮制，最终，七公主只剩下99个发夹，为此，她感到很伤心。

隔天，邻国英俊的王子忽然来到皇宫，对国王说："昨天，我的百灵鸟叼回了一个发夹，我想这一定是属于公主们的，而这也是一种奇妙的缘分，不知道是哪位公主掉了发夹？"公主们听到这件事，都在心里说："是我掉的，是我掉的。"可她们头上明明完整地别着100个发夹，所以，纵使心中再懊恼，她们也无法说出口。这时，七公主走出来说："我掉了一个发夹。"

话才说完，一头漂亮的长发因为少了一个发夹，全部披散了下来，王子不由得看呆了。

故事的结局，自然是王子与公主从此过上了幸福快乐的日子。

为什么一有缺憾就拼命去补足呢？100个发夹就像是完美圆满的人生，少了一个发夹，这个圆满就有了缺憾；但正因缺憾，未来才会有无限的转机、无限的可能性。

有一位哲人说：完美本是毒，缺陷原是福。

事事追求完美是一件很痛苦的事，它就像毒害你心灵的毒药。这个世界上本来就没有什么是绝对完美的，因为"缺陷"的存在，才能呈现出万事万物的多样性。事事追求完美的人，只会被生活所累，因为追求完美而付出的代价往往比你收获的要多得多。

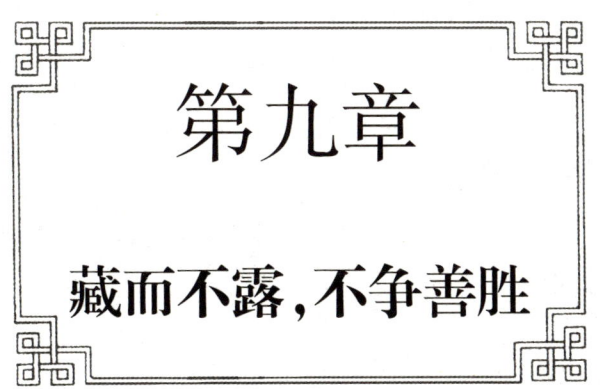

第九章

藏而不露,不争善胜

1.收敛锋芒,韬光养晦

【原文】

知其雄,守其雌,为天下溪。

【大意】

知道什么是刚强,却安于柔弱的地位,甘愿做天下的溪涧。

在人生的战场上,锋芒毕露并非明智的选择,因为在过度暴露自己优点的同时,我们的缺点也会被别人看得一清二楚。只有隐藏自己的实力,才能在战场上出其不意,获得成功。

隋唐著名才子薛道衡，13岁时就能讲《左氏春秋传》，隋高祖时做内史侍郎。大业五年，薛道衡被召进京，当时已是自负才气的隋炀帝杨广在位。薛道衡为了显示自己的文章水平，呈上了《高祖颂》，炀帝看了很不高兴，说："这只是文词漂亮而已。"

有一次，炀帝与下臣谈天，说自己才高八斗，傲视天下文士，御史大夫乘机说薛道衡自负才气，不听训示，有无君之心，炀帝一怒之下，便下令把薛道衡绞死了。

可见，由于不懂得收敛锋芒，薛道衡得罪了不少人，不但有隋炀帝，也有那个进谗言的御史大夫，甚至可能还有其余的一些大臣，否则怎会没人替他求情呢？

因为锋芒太露而把人得罪光了的典型不只有薛道衡，韩信也算一个。

韩信是汉朝的第一大功臣：在汉中献计出兵陈仓，平定三秦；率军破魏，俘获魏王豹；攻下代，活捉夏说；破赵，斩成安君，捉住赵王歇；收降燕，扫荡齐，历挫楚军；连最后垓下消灭项羽，也主要靠他率军前来合围。

功高震主本就犯了大忌，加上他又不能谦退自处，看到曾经是他部下的曹参、灌婴、张苍、傅宽等都分土封侯，与自己平起平坐，心中难免矜功不平。樊哙是一员勇将，又是刘邦的姨夫，每次韩信访问他，他都是"拜迎送"，但韩信一出门就要说："我今天倒与这样的人为伍！"就这样，韩信终于一步步走上了绝路。

不矜功自夸，可以很好地保护自己。《后汉书·班超传》语："今君性严急，水清无大鱼。"指水太清了，鱼就无法存身。这是饱经沧桑的前辈留给后人的一个办事准则。在处理人事关系的问题上，一定要铭记这一点。

明成祖年间，广东布政使徐奇进京朝见皇上，顺便带了一些岭南的藤席准备馈赠给朝中官员。不料，京城的巡逻官把这些藤席截获，并将徐奇馈赠礼品的人员名单呈给了明成祖。

明成祖反复看了几遍名单，见其中惟独没有杨士奇的名字，觉得有必要问个究竟，于是立即召见了杨士奇。杨士奇解释说："当初徐奇受命赴广东任布政使，离行前众官员都作诗为他送别，所以徐奇这次回京特用藤席回赠。那一次臣正好有病在身，没有赠诗给徐奇，不然的话，我这次也在馈赠之列。今天众官员的名字虽然都在礼单上，但他们不一定会接受徐奇的礼物。再说，藤席乃岭南特产，徐奇馈赠藤席只是为了表达谢意，不会有别的目的。"

杨士奇这番话讲得自然得体，明成祖打消了对他的疑惑，也原谅了徐奇，命人把名单烧了，从此再没过问此事。

在封建时代，皇权至高无上，"君疑臣必死"。如果杨士奇借此机会炫耀自己的清廉，不仅不会得到赞赏，还会加重明成祖对他的疑心。杨士奇故意将自己牵扯进来，说明自己与别人没有什么不同，从而赢得了明成祖的信任。更妙的是，杨士奇此举不但挽救了自己，也免除了徐奇的祸事。

以上所述，都是一些典型人物的典型事例。不过，对于一般的普通人，我们更应该有隐忍的胸怀与气度。

在中国旧时的店铺里，是不陈列贵重货物的，店主总是把它们收藏起来，等遇到有钱又识货的人，才告诉他们好东西在里面。倘若随便将上等商品摆放在明面上，岂有贼不惦记之理？

不仅是商品，人的才能也是如此。才华出众而又喜欢自我炫耀的人，必然会招致别人的反感，最终吃大亏而不自知。所以，无论你的才能有多

高,都要善于隐匿,即达到表面上看似没有,实则充满的境界。如果在一开始就让别人把自己的底牌看了个遍,在交手之时便没有了回旋的余地,连防守的机会都会失去,只能任人宰割。

如果把锋芒藏在背后,放低姿态,低调为人,反而能够韬光养晦,等待机会,厚积薄发。

2.藏而不露,待时而动

【原文】

知我者希,则我者贵。是以圣人被褐而怀玉。

【大意】

理解我的人很少,效法我的人就愈加珍贵。所以,有“道”的圣人只能穿着粗衣,却怀抱着美玉。

老子是一位看透世间万象的哲人,他的想法总是高屋建瓴,但也常常不为众人所理解和接受,这就像今天我们常说的一句话:“真理掌握在少数人手中。”在老子看来,“圣人”掌握了真理,但并不到处炫耀,而是把真理像美玉一样藏在怀中,身上却穿着粗布的衣服。我们也常常看到,一些有才能的人并不卖弄自己的才能,而喜欢卖弄才能的人往往并没有多少真才实学。

大家都知道“满招损,谦受益”的道理。其实,一个人即使并不自满,

而只是才华横溢、锋芒毕露,别人也很容易去攻击他,因为他的流光溢彩使周围的人相形见绌、黯然失色。所以,你越能干,事情做得越完美,就越会得罪人。也许你完全没有意识到这一点,甚至百思不得其解,可事实就是如此。

古人曾国藩对"藏锋"曾有过精辟论述:"言多招祸,行多有辱;傲者人之殃,慕者退邪兵;为君藏锋,可以及远;为臣藏锋,可以及大;讷于言,慎于行,乃吉凶安危之关,成败存亡之键也!"

藏而不露,并非不露。《易经》上说:"君子藏器于身,待时而动。"把握好藏与露的分寸,最后才能露出真正的锋芒。空空无迹,浩浩无垠,藏之愈深,发之愈溥。

越是争强,越是容易成为众矢之的,唯有守弱,才能为你积累实力,进而取得最终的胜利。

《三国演义》中,刘备曾一度投奔曹操。为迷惑曹操,他种田浇菜,掩盖其志。关、张二人见他如此不求上进,都非常失望,但刘备只说"此非二弟所知",依旧我行我素。曹操煮酒论英雄时,刘备竟假装被雷声吓得扔掉了筷子。因为刘备当时羽毛未丰,若与曹操放在一个重量级上硬碰硬的话,无疑是以卵击石。只有假装无能,曹操才不会把他视作心腹之患杀之而后快。

当然,屈伸之度必须由自己把握好,什么时候"屈",什么时候"伸",这里面大有学问。一味隐忍不知勃发、不求翻身出头,反而会滑进无底的深渊。所以,何时勃然而发也是一个十分重要的问题。

在中世纪的欧洲,教皇是基督教会的首脑。那时候,由于各个王国内封建主割据林立、连年混战,造成王权衰弱,局势混乱。当时,罗马教皇可

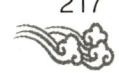

以统一指挥各国、各地区的教会,加上各民族又都信仰基督教,因此教会在群众中影响很大,这就使得罗马教廷成了凌驾于各国君主之上的政治实体。国王登位、加冕要由教皇来主持;和国王同行时,教皇骑马,国王只能步行;会面的时候,教皇坐着,国王要屈膝敬礼。总之,那时的神权高于王权。

不仅如此,教会还在各个国家拥有1/3的土地,并且向各国居民收取"什一税"。一个人从出生、成年、结婚一直到老死,处处都要受教会的管理和控制。教会拥有自己的监狱和刑法,还用"开除出教"的办法来对付一切反抗者,连国王、皇帝也不例外。

1076年,德意志神圣罗马帝国皇帝亨利与教皇格里高利争权夺利,斗争日益激烈,发展到了势不两立的地步。亨利想摆脱罗马教廷的控制,教皇则想把亨利所有的自主权都剥夺殆尽。

在矛盾激烈的关头,亨利首先发难,召集德国境内各教区的主教们开了一个宗教会议,宣布废除格里高利的教皇职位。而格里高利则针锋相对,在罗马的拉特兰诺宫召开了一个全基督教会的会议,宣布驱逐亨利出教,不仅要德国人反对亨利,也在其他国家掀起了反亨利的浪潮。

教皇的号召力非常大,一时间,德国内外的反亨利力量声势震天,特别是德国国境内的大大小小的封建主都兴兵造反,向亨利的王位发起了挑战。

亨利面对危局,被迫妥协,于1077年1月身穿破衣,只带着两个随从,骑着毛驴,冒着严寒,翻山越岭,千里迢迢前往罗马,向教皇认罪忏悔。

但格里高利故意不予理睬,在亨利到达之前躲到了远离罗马的卡诺莎行宫。亨利没有办法,只好又前往卡诺莎去拜见教皇。

到了卡诺莎后,教皇紧闭城堡大门,不让亨利进去。为了保住皇帝的宝座,亨利忍辱跪在城堡门前求饶。当时大雪纷纷,天寒地冻,身为帝王之尊的亨利屈膝脱帽,一直在雪地上跪了3天3夜,教皇才开门相迎,饶恕

了他。

亨利恢复了教籍,保住王位返回德国后,集中精力整治内部,然后派兵把一个个封建主各个击破,并剥夺了他们的爵位和封邑,把曾一度危及他王位的内部反抗势力逐一消灭。在阵脚稳固之后,他立即发兵进攻罗马,以报跪求之辱。在亨利的强兵面前,格里高利弃城逃跑,最后客死他乡。

显然,亨利的"卡诺莎之行"是别有用心的。在他与教皇对峙,国内外反对声一片,特别是内部群雄并起,王位岌岌可危的情况下,他能不惜受辱取得暂时的和解,以便重整旗鼓,东山再起,为和教皇再次较量赢得了喘息时间。最终,他胜利了。

古今中外的隐忍皆有勃发成功的目的,但更明显的共同之处是成熟时机的到来。时机不成熟就贸然行动,不但会使隐忍的功夫和成果毁于一旦,更会使规划好的宏图大业暴露于敌人的火力之下。

3.不显山不露水,真君子也

【原文】

上德若谷,广德若不足,建德若偷,质真若渝,大白若辱,大方无隅,大器晚成。大音希声,大象无形。

【大意】

上德的人虚怀若谷,在大庭广众之下看似卑微;广德的人

总是表现出好像德行还有不足的谦虚;建德者做了仁德之事之后绝不会四处张扬;真正实质上有德行的人,从不自我表现。真正的大德有如最洁白的看似污黑,最方正的反而没有棱角,最有价值的器具,总需经过长时间的千锤百炼才能制成;最大的声音是人听不到的声音;最大的影像会大到人无法看到全貌。

有些人做事时,表面上看上去轰轰烈烈,实际上却"雷声大,雨点小","说得比唱得好听",就是见不到办事的效率,这种人根本无法获得别人的尊重和信任。

老子则比较欣赏另一类人,他们"上德若谷,广德若不足,建德若偷"。这类人表面上看上去很不显眼,但他们却能在暗中默默地将事情完成,丝毫不张扬。

做事太张扬、太显露虽然能够显得自己高人一头,但也会引来众人的妒忌,让别人更关注自己的一举一动(确切地说,是更关注我们的失误),这样就会给自己日后的工作带来更多的压力和不便。

清朝皇帝雍正也认为:"但不必露出行迹。稍有不密,更不若明而行之。"他不只是嘴上这么说,也是如此做的。

在雍正皇帝之前,历代王朝都以宰相统辖六部,权力过重,使皇帝的权威受到了一定的影响。如果一个君王有手腕驾驭全局,使宰相为己所用,那当然很好。但如果统领军队的宰相超权行事,时间一长便很容易与皇帝、大臣们产生隔膜和分歧,进而给国家添乱子、造麻烦。这样的例子举不胜举。

雍正即位之初,虽然掌握着国家的最高权力,但是,所有军国大政都需经过集体讨论,最后由皇帝宣布执行,皇帝不能随心所欲地自行其是,

权力受到了制约，皇位受到了挑战。雍正设置军机处，皇帝统治军机处，军机处又统治百官。

军机处还有一种职能，即充当最高统治者的秘书角色，类似于情报局，有很强的保密性。军机处的由来，是在雍正七年(1729年)六月清政府平息准噶尔叛乱时产生的。雍正密授四位大臣统领有关军需事务，严守军报、军饷等军事机密，以致两年有余而不被外界所知，保持了工作的高效运转和战斗的最终胜利。

雍正对军机处管理得特别严密。他对军机大臣的要求也极为严格，要求他们时刻同自己保持联系，并留在皇帝最近的地方，以便随时召入宫中应付突发事件。军机处也会像飘移的帐篷一样随皇帝的行止而不断改变，皇帝走到哪里，军机处就设在哪里，类似于我们现在的现场办公。

雍正的第二大特点是对军机处的印信管理得非常严密。印信是机构的符号和象征，是出门办事的护身符和通行证。军机处的印信由礼部负责铸造，并将其藏于军机处以外的地方，派专人负责管理。当需用印信时，必须报告皇上予以批准，然后才能由军机大臣凭牌开启印信，在众人的监视下使用，以便起到相互制约的作用。

设立军机处起到了意想不到的效果。以前每办一件事情，或者有关的奏折，要经过各个部门的周转，最后才能送达皇帝手中。其中，扯皮、推诿、拖沓等官场陋习使办事效率极为低下，保密性能也差，皇帝的口谕无法贯穿始终。自从设立了军机处，启动军机大臣，摆脱了官僚机构的独断专行，雍正的口谕可以畅通无阻地到达每一个职能机构，从而把国家大权牢牢地控制在自己手里。

设立军机处，将"生杀之权，操之自朕"的雍正推向了封建专制权力的顶峰。军机处由于是在皇帝的直接监视下开展工作，所以处处谨小慎微、自知自律、奉公守法，营造了一种清廉的官场氛围。军机处的设置保证了中央集权的顺利实施，维持了社会的相对稳定和统一，避免了社会

动乱和民族分裂,推动了社会繁荣和发展,具有一定的积极意义。

无论正史还是野史的记载中,雍正都是一个喜欢秘密行事的皇帝,这也正是他高明智慧的一面。

无论是做人还是处事,若想取得成功,就不要过分暴露自己的意图和能力。唯有这样,事情办起来才能避免出现众多人为的障碍和束缚,达到事半功倍的效果;反之,就会受到许多意想不到环节的人为阻挠,如此,事情办起来就很难成功。

4.天之道,不争而善胜

【原文】

天之道,不争而善胜,不言而善应,不召而自来,繟然而善谋。

【大意】

天下的大道,是不与人相争反而容易获得胜利,不善于说话的人反而懂得应变,不主动召顺人们反而会主动归顺,坦诚而自然反而会更加懂得谋略。

有一次,海尔总裁张瑞敏喂狼的时候发现,当他扔给狼一根骨头的时候,所有的狼都在抢这根骨头,当他再扔一根的时候,所有的狼又会扑

过来抢这根骨头——即使丢进去很多骨头，它们不是去分，而是哄抢。

虽说这是动物界的生存现象，但也折射出了市场的残酷性和盲目性。他想，如今的企业不都是这样的吗？每个人都紧紧盯着对手的一举一动，甚至忘记或放弃了自己原有的想法和思路，这种做法和那群抢骨头的狼有什么分别呢？

这样的启示让张瑞敏开始把精力从竞争市场转回到自己的企业本身上来，一门心思修炼"内功"：做好自己的管理，专注客户的需求。

其实，不管是怎样的角逐，最后的赢家都是顾客。也就是说，最核心的竞争力就是抓住市场需求，获得用户对企业的忠诚度。这也是"不争"的本质所在。

想别人没想过的问题，做别人没做过的事情，这正是张瑞敏的智慧所在。不和对手争，却和自己争、和用户争，否定既有的错误和不成熟的思想，刷新和确立新的正确的发展路子，这是一个企业健康发展壮大的必须过程。

因此，在别人都纷纷"抢骨头"的时候，张瑞敏却在抓服务和管理，从公司高层到下面的每一个员工都在捕捉着顾客的消费需求，他们的营销网点遍布全国各地，他们从各个渠道获取用户的需求和信息，每一个用户都可以提出自己的想法，每一个员工都可以去设计用户所需的产品……当时机成熟时，企业自身已经发展壮大了，消费者的潜在需求也被开发出来了，那些所谓的竞争对手自然会落在后面。这个时候，市场已经紧紧地掌握在自己的手中。

不争，是一种高明。张瑞敏如同打太极拳一般，看似无作为，实际上却获得了潜在的大势态，"故天下莫能与之争"。海尔正是凭着踏实、专注、善始善终的精神，从同行中一跃而出，跻身于世界五百强企业，成为当之无愧的领头羊。

　　从表面上看，"不争"似乎有悖进化规律，其实，它的背后隐藏着更深层的道理。"争与不争"的辩证法，透露着一个天机：不争而争，无为无不为，不争而善胜，乃是人类社会进化的公理。

　　所谓"不争而争"，并不是说什么也不争，而是弃其小者，争其大者；弃其近者，争其远者。所以，不争是相对的，争则是绝对的。

　　在许多企业热衷于把自己定位于行业"龙头"、集团"航母"、销量"第一"的时候，国内厨具知名品牌方太的当家人茅理翔却提出了与众不同的观点："不争第一，甘当老二。"

　　茅理翔认为，老大、老二均是行业的首领，何必一定要去争老大呢？更何况，第一也好，第二也罢，关键在于谁是强势品牌，能永远立于不败之地才是长寿企业。尤其是正处于企业成长阶段，定位于"老二"更有助于减少浮躁情绪，稳下心来精耕细作。

　　对于这样的说法，可能会有人讥笑说："你没能力拔头筹，才故意自圆其说，这是懦夫哲学。"而茅理翔的理解是："当第一太累了，会成为众矢之的，天天战战兢兢怕掉下来。事实上，当老二也不是件简单的事，而甘当老二，更难能可贵。现在有很多大企业扩张太快，没几年就倒下去了。有的图个盛名，内部却千疮百孔，不堪一击；有的是泡沫，一有风吹草动就会破灭。所以，关键还得保持内功，才能真正成为长寿企业。"

　　甘当老二也是一种策略。老大最怕有人超过他，往往会不惜一切手段进行打击和扼制，不叫老二跟上来；老三、老四也往往会首先把目标对准老二，以便把他拉下来，由自己取而代之。所以，老二的日子其实很不好过。这时，如果你表个态，不争第一，甚至还要同情第一、保护第一，老大就可能不恨你、不防你，你就可以保存精力。甘当第二，还有一个理由。像方太的市场定位是中高档，而中高档消费阶层不可能占大多数，从市场占有率来讲，市场份额就相对比较小。能长久当老二，对方太而言，也是一种成功和胜利。

茅理翔这种甘居第二的态度,同样具有老子"不争"的智慧。这种智慧能使企业不急于求成,走稳企业发展道路上的每一步。把根基立稳了,实力自然就上去了,而不会成为类似秦池酒厂这样的"空架标王",在客观上可以称它为一种"不争"的胜利。

进一步而言,老子的"不争"并非要我们消极处世,而是让我们能够以冷静的心态面对那些没有意义的纷争,省出更多的时间做一些更有意义、更有价值的事。老子的"不争"正是让我们不要去争一时的高下,而要积蓄力量去争取人生更长远的成功。

老子心目中的"不争",即要求个人在处世过程中要具有谦退而不你争我夺的品格,即便是处在十分卑下的地方,也能始终如一地付出,做到"心善渊"、"事善能",充分实现自己的人生价值,而没有怨咎、遗憾、悔恨。

5.放低姿态,虚心进取

【原文】

大邦者下流,天下之牝,天下之交也。牝常以静胜牡,以静为下。故大邦以下小邦,则取小邦;小邦以下大邦,则取大邦。故或下以取,或下而取。大邦不过欲兼畜人,小邦不过欲入事人。夫两者各得所欲,大者宜为下。

【大意】

大国要像居于江河下游那样,使天下百川河流交汇在这

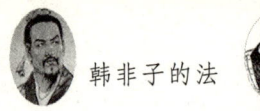 

里,处在天下雌柔的位置。雌柔常以安静守定胜过雄强,就是因为它居于柔下的缘故。所以,大国对小国谦下忍让,就可以取得小国的信赖;小国对大国谦下忍让,就可以见容于大国。所以,或者大国对小国谦让而取得大国的信任,或者小国对大国谦让而见容于大国。大国不要过分想统治小国,小国不要过分想顺从大国,两方面各得所欲求,大国更应谦下一些。

在《道德经》第六十一章中,老子表面上阐述的是国家如何发展壮大的智慧,实则其中蕴含着一种人生智慧:若想发展自己,必须将自己的姿态放低。

放低自己,就是通常所说的低调做人。它是一个心态问题,也是对自己人生价值的估量问题。自觉非同一般、高人一等,便会放不下架子,对人颐指气使、居高临下。只有把自己当成一个平凡人,才能与人平等、看人平视、待人平和。

一个满怀失望的年轻人千里迢迢来到法门寺,对住持释圆说:"我一心一意要学丹青,但至今没有找到一个能令我满意的老师。"

释圆笑笑问:"你走南闯北十几年,真没能找到一个满意的老师吗?"

年轻人深深叹了口气说:"许多人都是徒有虚名,我见过他们的画帧,有的画技甚至还不如我。"

释圆听了,淡淡一笑说:"老僧虽然不懂丹青,但也颇爱收集一些名家精品。既然施主的画技不比那些名家逊色,就烦请施主为老僧留下一幅墨宝吧。"说着,便吩咐一个小和尚拿了笔墨纸砚来。

释圆说:"老僧的最大嗜好就是品茗饮茶,尤其喜爱那些造型流畅的古朴茶具。施主可否为我画一个茶杯和一个茶壶?"

年轻人听了，说："这还不容易？"于是调了一砚浓墨，铺开宣纸，寥寥数笔，就画出了一个倾斜的水壶和一个造型典雅的茶杯。那水壶的壶嘴正徐徐吐出一脉茶，注入到茶杯中。年轻人问释圆："这幅画您满意吗？"

释圆微微一笑，摇了摇头说："你画得确实不错，只是把茶壶和茶杯放错位置了。应该是茶杯在上，茶壶在下。"

年轻人听了，笑道："大师为何如此糊涂，哪有茶壶往茶杯里注水，而茶杯在上、茶壶在下的道理呢？"

释圆听了，又微微一笑说："原来你懂得这个道理啊！你渴望自己的杯子里能注入那些丹青高手的香茗，但你总把自己的杯子放得比那些茶壶还要高，香茗怎么能注入你的杯子里呢？"

只有从山脚下攀登才能到达山顶，只有从起点起步才能到达成功的彼岸。

诸葛亮懂得放低自己，虽躬耕于山林，不也同样修得满腹韬略，成就了日后的蜀国霸业吗？林肯懂得放低自己，虽是鞋匠出身，不也成为了受人景仰的美国总统吗？所谓智慧，并不是把自己摆在一个很高的位置让自己飘飘然，而是来到低处以一种谦卑的心去仰视芸芸众生。

物体要吸收热量，首先得冷却；人要跳跃，首先要蹲下。冷却和蹲下不是目的，而是为了变得更热和跳得更高。同样，放低自己并不是我们所追求的目的，而是为了加重成功的砝码。

放低自己，会不会真的使自己变矮？当然不会。放低不是降低，更不是贬低。低调做人、潜心做事的人，不但不会降低他的社会价值和社会地位，反而会得到社会更广泛的承认和人们更普遍的尊重。有一则谚语说得好："口袋里装着麝香的人不会在街上大吵大嚷，因为他身后飘出的香味已经说明了一切。"

6.不居功自傲

【原文】

万物作而弗始,生而弗有,为而弗恃,功成而弗居。夫唯弗居,是以不去。

【大意】

让万物自己发展而不加以干预。辅助万物生长而不据为己有,对万物有所施为而不自恃有恩,事情成功而不自居有功。正由于圣人这样不居功骄傲,所以他的功绩永远不会失去。

老子认为,一个人有了功劳越是不居功,越能够让人永记于心;越是居功自傲的人,越容易成为别人攻击的对象,从而失去应有的功劳。

《左传》记载,鲁国与齐国作战,鲁军大败,作为统帅之一的孟之反留在后面掩护大军撤退。当大家都安全撤回而迎接他最后到达时,他却故意鞭打着马说:"不是我敢于殿后,而是我的马跑不快呀!"其实,孟之反不自夸,谦逊只是原因之一,原因之二还在于他不愿居功,以免引起其他将领和同僚的妒忌。

谦逊也好,不居功以免妒忌也好,都是立身处世的艺术。对于一般人来说,能够做到不争功就不错了,哪里还能把自己本来就有的功劳推到

一边去呢？正因为孟之反有这样高深的智慧，所以才能在乱世中自保。

东汉开国大将军冯异，跟随汉光武帝南征北战，立下汗马功劳不以功自居的故事，更能解释老子的这一智慧。

冯异原来是王莽的新朝官员，以郡掾的身份监理5个县，与父城县长苗萌一同守城，与起义军作战。刘秀那时候是绿林军拥立的更始皇帝的部下，攻打父城，驻军在巾车乡。

一次，冯异到所管辖的县里去，被刘秀的士兵抓住了。冯异的堂兄正跟随着刘秀，便把冯异推荐给了刘秀。冯异说："我一个人能力有限，不如让我回去拿5座城地来立功报答您。"刘秀应允。于是，冯异回去劝说苗萌一同归降刘秀。

刘秀向南回到宛城后，更始帝的其他将领，前后共有十几个人带兵来攻打父城，但冯异就是坚守不投降。后来，更始帝派刘秀到洛阳担任司隶校尉，经过父城，冯异立即开门迎接。之后，刘秀让冯异担任主簿的职务，将他带去了洛阳。

刘秀的哥哥被更始帝所杀，刘秀表面上不敢显示出悲痛，一个人的时候则不吃肉、不喝酒，暗暗流泪，冯异经常劝解他。后来，更始派刘秀到河北开拓地盘，冯异劝刘秀趁机派人巡视郡县，平反冤狱，收揽民心，刘秀一一照办。

刘秀到河北初期，因为王郎割据势力的猖獗，处境一度比较艰难。在饶阳无蒌亭时，天气寒冷，人又疲劳，冯异献上豆粥，刘秀喝了饥寒俱解。渡过滹沱河后，刘秀在南宫遇到了大雨，只好在道路旁的农舍里避雨烤火，此时，冯异又送上麦饭。后来，刘秀消灭了王郎，封冯异为应侯。

冯异从不居功、不骄傲。每到宿营地，许多将领坐在一起谈论自己的功劳，冯异却常常一个人站在大树底下不声不响，所以军中称他为"大树将军"。

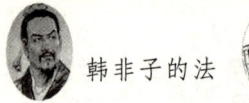 

在刘秀麾下的众将之中，冯异治军有方，爱护士卒，深得部属拥戴，因此，士兵都愿意在他的手下作战。

后来，冯异为刘秀建立了更大的功勋，打败了赤眉军，平定关中地区，成为独当一面的大将。有人上奏章说，冯异专制关中，威权太重，百姓归心，称他"咸阳王"。刘秀把奏章给冯异看，冯异感到恐惧，上书请罪。刘秀说："将军之于国家，义为君臣，恩犹父子，何嫌何疑，而有惧意？"可见刘秀对他十分信任。

后来冯异到洛阳朝见，刘秀对其他大臣介绍说："这是我起兵时候的主簿，为我披荆斩棘平定了关中。"又下诏书说："仓卒无蒌亭豆粥，滹沱河麦饭，厚意久不报。"说明刘秀一直记着他的情意。

而冯异则一如既往地谦虚不伐其功，他学管仲对齐桓公说的话，说道："臣希望国家(指刘秀)不要忘掉河北时的艰难，小臣我不敢忘记在巾车乡受的恩惠。"后来平定西北时，冯异病死在军中。

冯异从不以功自居，坚守旧有的正道，是始终保荣华平安的一个原因。所以，在下者对在上者，切忌以功自居，"无成"才能有成，这就是人生的辩证法。

"功劳"被别人传播出来是金子，被自己卖弄出来就成了黄土。因此，我们应该学会老子的这一智慧：有了功劳要善于隐藏，不张扬，不卖弄。唯有不居功，才能给别人留下好印象，从而更突出自己的功劳，使自己受到重用。相反，如果稍有功劳就自吹自擂，一方面显得自己素质低下，另一方面也容易引起别人的反感，成为公众眼中的"烦人"。

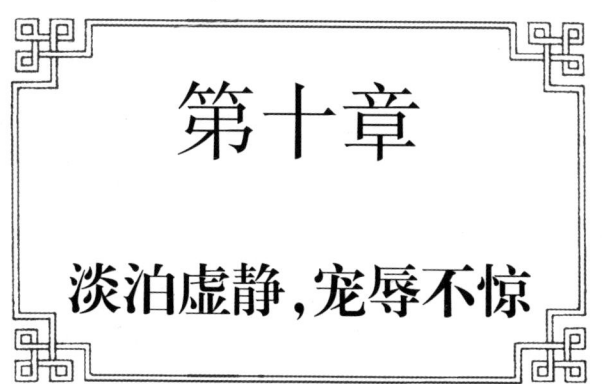

第十章

淡泊虚静，宠辱不惊

1.得意时莫忘形

【原文】

鱼不可脱于渊，国之利器不可以示人。

【大意】

鱼必须隐藏在深渊之中，不可离水而居。国家的有效武器
不可以轻易展示于人。

"鱼不可脱于渊，国之利器不可以示人。"揭示的正是老子小心谨慎
的智慧。这是老子对众人的一个"得意时不要忘形"的忠告：让人们在得

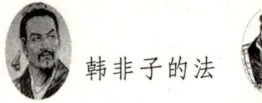
势之后一定要居安思危，保持一定的隐患之心，才能让自己的"得意"更长久。

炎炎夏日，蚊虫肆虐，人们对此深恶痛绝。它们虽不易灭绝，却容易捕杀，原因很简单，它们时常得意忘形，结果把自己推上了死路。

有些蚊子在吸食人畜的血液时，在没有受到惊扰的情况下，它会一个劲地吸个没完，直到飞不动或勉强飞往一处自认为安全的地方休息，安于享受成功。此时，它们吃饱喝足的身体已变得迟钝，完全忽视了危险的存在。而这正是它们接近死亡的时刻，若现在想杀死它，已无须奋力拍打，只需轻轻一按，它们便会一命呜呼。

一个人经历千辛万苦换来成功的甘果时，是手捧观之，得意扬扬，还是保持冷静，视之为过去，重新设定新的目标，并加倍努力实现之？选择前者，就选择了和蚊子一样的命运；选择后者，成功的甘甜将会始终伴随你左右。

"得意时不忘形"在现实中更多地表现为懂得居安思危。其实，居安思危的道理人人都懂，但真正做起来，就没有几个人能贯彻始终了。人在安逸的环境中，总以为苦难远在天边；人在得意时，总认为快乐可以长久。实际上，一时的得意并不能说明自己以后便可高枕无忧。

前秦皇帝苻坚刚上台时，做事谨慎，善于听取不同的意见。但等到他统一北方后，便开始变得自命不凡起来。他对大臣们说："我东征西伐，没有谁是我的对手。现在我准备征服晋国，一统天下，相信定会马到成功。"

丞相王猛这时已死，他临终曾告诫苻坚不可伐晋。于是，太子苻宏以王猛的遗言为由，劝谏苻坚说："从前王猛丞相主张不能对晋国用兵，是因为我国内部还不稳定，而晋国也无败亡之相。现在这种情况并没有太大的改变，父皇还是不出兵的好。"

苻坚说："我国正处盛时，这时候攻打晋国，不是最好的时机吗？现在

国内大治,人心稳定,你说的一点也不对。"

　　对形势盲目乐观的符坚决心开战,大臣道安急忙出来相劝:"皇上统一北方不久,人心并没有真正归附,许多不甘心失败者还蠢蠢欲动。现在皇上虽有百万大军,可有不少还是刚刚归顺的,他们的战斗力并不强大。皇上应当看到这些不利情况,万不可为表面的强盛所迷惑啊!"

　　道安说的都是实情,但符坚听了却感到分外刺耳。心有异志的鲜卑人慕容垂为了自己的打算,极力拥护出兵的决定,符坚伐晋的主张就这样轻率确定了。

　　事后,慕容垂对他的心腹说:"符坚狂妄自大,他是被先前的胜利冲昏了头脑。我怂恿他伐晋,一旦天下大乱,我们鲜卑人就能趁机复国了。"

　　符坚出征之前,仍有忠贞的大臣苦苦相劝,说:"皇上现在回头,为时不晚。要知晋国君臣合心,百姓安定,皇上无故出兵,他们一定会拼死反抗。而我军人员复杂,来源不一,即便是很小的失败,也可能引起大的波动。一旦出师不利,国家就会有瓦解的危险,皇上不该不计利害啊!"

　　符坚坚持用兵,结果正像劝谏者所预料的那样,前秦大败。不久,符坚被杀,他的国家也灭亡了。

　　符坚是个很有能力的君主,否则,他也不能统一北方。他的失败是因为他太相信自己的能力,看不到自身的骄狂,结果做出了十分错误的决策。

　　有能力的人能干大事,同样,有能力的人也最容易骄傲。骄傲会使人过高地估量自己,进而在力不从心的事情上失败。

　　成功永远都是相对的,在成功之时,危机并不是被永远消灭,而是潜藏起来了。看不到这些隐患,高枕无忧地大肆行乐,隐患便会悄悄增长,直到有一天浮出水面。促使成功的奋斗精神和积极力量一旦消退,导致失败的各种要素就会强劲反弹,令成功化为乌有。

2.不要炫耀自己的权力

【原文】

以道佐人主者，不以兵强天下，其事好还。师之所处，荆棘生焉。大军之后，必有凶年。善有果而已，不敢以取强。果而勿矜，果而勿伐，果而勿骄。果而不得已，果而勿强。物壮则老，谓之不道，不道早已。

【大意】

以"道"辅佐王者的人，不靠炫耀武力而称雄于天下。用兵这件事，往往反复报应。军队所过的地方，会遍生荆棘；大的战役之后，一定会有大灾！因此，善于用兵者达到战略目的会立即罢手，而不是长久地称霸。成功了也不要得意，成功了也不要炫耀，成功了也不要骄傲，成功了要认为这是出于不得已，成功了也不要因此逞强。事物发展强大了，必然会走向衰老，因为这违背了"道"，不合乎"道"，必然会很快走向灭亡！

诚然，老子是反对战争的，他希望人民能过上平静安定、安闲自足的生活，因为他知道，凡是军队经过的地方，民众总会受到骚扰。但仔细思考老子在这一章里阐发的观点，我们就会发现，老子反对的其实是我们常用的两个字：征服——包括用武力征服，也包括用其他强制力征服。从这一点上看，老子对世人提出了一个劝告，不要做"强者"，更不要恃

强凌弱。

在社会中，领导者掌握权力，相对于其他人来说，就是"强者"。但是老子告诫这些握有权力的强者，不要炫耀自己的权力，不要期望通过权力的强制力来压制别人，称王称霸。要本着谦虚低调的态度去行使自己的权力，多为在下位的民众考虑。否则，当一个人"强大"到一定程度，也会做出"不道"的事来，最终遭遇"物壮则老"的命运。

元朝时期，著名大臣彻尔被元世祖忽必烈任命为平章政事，在福建行省任职。他到任之后，严肃法令，当地的老百姓很快就安定了下来。但令人头疼的是，这里的强盗一直在作乱，扰得百姓不得安宁。于是，彻尔决定彻底平定他们，他亲自率军围剿。但是，彻尔下了一道命令，那就是不能一味求胜，不能损害庄稼，更不能骚扰百姓。昂扬武威，却不攻打，白天合围山中，晚上在野外住宿，彻尔的军队纪律非常严明，并且显得从容不迫。很多盗贼想来探听究竟，彻尔就好酒好肉地招待他们，还趁机开导他们说："在此之前，是因为你们不能忍受贪官污吏的骚扰，因此才被迫到这里居住。现在若是能够回去种地采桑，就是良民百姓，我怎么还会给你们扣上谋反的罪名呢？这不是给你们的家庭带来不幸吗？"说完就放他们回去了。那些强盗闻知彻尔这番话之后，纷纷前来投奔，不愿再当强盗。强盗首领逃跑之后，被他的同伙绑到军中，彻尔只杀了他一个人。

从此之后，当地方圆千里之内，匪盗几乎绝迹，彻尔也可以安心地在公堂中签署文件办公了。

彻尔会采取这种不战而屈人之兵的做法，是因为他了解强盗们的苦衷，得知很多人当强盗是因为迫不得已。对这些人动之以情、晓之以理，他们自然会明晓其中的道理。若是一味地采取骄横的围剿做法，不仅很难平息这场叛乱，反而会使叛乱愈演愈烈。

3.内心的宁静才是真安宁

【原文】

致虚极,守静笃。

【大意】

达到心灵虚寂的极点,保持清静的心情。

老子说"致虚极,守静笃",讲的就是要我们以一种虚空的心态,去守静与守笃。"守静"就是守住安静的心情,"守笃"就是守住实在。

外表看似安静的人,他的内心不一定平静。真正的安静是实在的、踏实的,所以很舒服,而不是一静下来,心里就空得慌。

为什么我们要那么紧张?何不学学老子"致虚极,守静笃"的智慧,让自己的心平静下来,品味生活的乐趣呢?

有一位成功的商人,虽然赚了几百万美元,但他似乎从来没有轻松过。

他下班回到家里,踏入餐厅。餐厅中的家具都是胡桃木做的,十分华丽,有一张大餐桌和六张椅子,但他根本没去注意它们。

他在餐桌前坐下,但心情十分烦躁不安,于是他又站了起来,在房间里走来走去。他心不在焉地敲着桌面,差点被椅子绊倒。

这时,他的妻子走了进来,在餐桌前坐下。他说了声"你好",一面用手敲桌面,直到一个佣人把晚餐端上来。

他吃东西很快，两只手就像两把铲子，不断把眼前的晚餐"铲"进口中。

吃完晚餐后，他立刻起身走进起居室。起居室装饰得富丽堂皇，意大利真皮大沙发，地板上铺着土耳其的手织地毯，墙上挂着名画。他坐在一张椅子上，并拿起一份报纸。他匆忙地翻了几页，急急瞄了瞄大字标题，然后把报纸丢到地上，拿起一根雪茄。他一口咬掉雪茄的头部，点燃后吸了两口，便把它扔进了烟灰缸。

他不知道自己该怎么办。他突然跳了起来，走到电视机前，打开电视机。等到画面出现时，他又很不耐烦地把它关掉。他大步走到客厅的衣架前，抓起他的帽子和外衣，走到屋外散步。

他这样已经无数次了。他在事业上虽然十分成功，却一直未学会如何放松自己。他整天紧绷着精神，并把职业上的紧张气氛从办公室带回了家。

这个商人没有经济上的问题，他的家是室内设计师的梦想，他拥有4辆汽车。可以说，这个商人已经拥有了一切所需，但他却不懂得如何去享受这些生活，过得一点都不快乐。

在这个日益繁杂的社会中，很多人都像这个商人一般焦躁不安。唯一可以改变这种状态的办法，便是保持心灵的宁静，在静处细心体味生活的点滴，让生活重归宁静。

老街上有一个铁匠铺，铺里住着一位老铁匠。由于没人再需要他打制的铁器，现在，他以卖栓狗链为生。

他的经营方式非常传统，人坐在门内，货物摆在门外，不吆喝，不还价，晚上也不收摊。无论什么时候从这里经过，人们都会看到他在竹椅上躺着，微闭着双眼，手里是一只半导体，旁边有一只紫砂壶。

他的生意不好不坏，每天的收入正够他喝茶、吃饭。他老了，已不再

需要多余的东西，因此，他非常满足。

一天，一个古董商人从老街上经过，偶然间看到了老铁匠身旁的那只紫砂壶。那只壶古朴雅致，紫黑如墨，有清代制壶名家戴振公的风格。他走过去，顺手端起那只壶观察起来。壶嘴内有一记印章，果然是戴振公的。商人惊喜不已，因为戴振公在世界上有捏泥成金的美名，据说他的作品现在仅存3件：一件在美国纽约州立博物馆；一件在台湾故宫博物院；还有一件在泰国某位华侨手里，是他1995年在伦敦拍卖市场上以60万美元的拍卖价买下的。

商人端着那只壶，想以15万元的价格买下它。当他说出这个数字时，老铁匠先是一惊，之后又拒绝了，因为这只壶是他爷爷留下的，他们祖孙三代打铁时都喝这壶里的水。

虽没卖壶，但商人走后，老铁匠有生以来第一次失眠了。这只壶他用了近60年，并且一直以为只是只普普通通的壶，现在竟有人要以15万元的价钱买下它，他有点想不通。

过去，他躺在椅子上喝水，都是闭着眼睛把壶放在小桌上；现在，他总要坐起来再看一眼，这让他非常不舒服。特别让他不能容忍的是，当人们知道他有一只价值连城的茶壶后，总是来骚扰他，有的问还有没有其他的宝贝，有的甚至开始向他借钱，他的生活被彻底打乱了。当那位商人带着30万现金第二次登门的时候，老铁匠再也坐不住了。他招来左右邻居，拿起一把斧头，当众把那只紫砂壶砸了个粉碎。现在，老铁匠还在卖拴小狗的链子，据说已经过百岁了。

能在一切环境中保持宁静心态的人，都具有高贵的品格修养。每个人都应努力培养自己心理上的抗干扰能力，以求达到"致虚极，守静笃"的境界。

人生如茶，唯有静下心来细细品味，才能品尝出其中的芬芳。

4.名利于我如浮云

【原文】

天长地久,天地所以能长且久者,以其不自生,故能长生。是以圣人后其身而身先,外其身而身存。非以其无私邪?故能成其私。

【大意】

天有无限那么大,地有永恒那么久。天、地之所以能够如此长久,是因为它们从来不在意自己的存在,不认为自己属于自己所有,不为自身做任何事情。圣人们"见好"就抽身而退,也把自身置之度外,所以能够身永存。这不正视因为他无私吗?所以能成就他的自身。

老子认为,天地能够长久,是因为它不关注自己的存在,因此能够无穷无尽,绵绵流长。当然,老子这里注重的不是天地,而是"圣人"。圣人总是以天下为先,以别人为先,而不考虑自己,因此才称其为圣人。圣人的这种无私对人类社会是非常有益的。

居里夫人是迄今为止唯一一位两次获得诺贝尔奖的科学家。在早年和丈夫皮埃尔·居里一起进行研究的时候,居里夫人就生活俭朴,不求名利。居里夫妇成名后,各种勋章、奖章和荣誉纷沓而至,他们不仅没有把

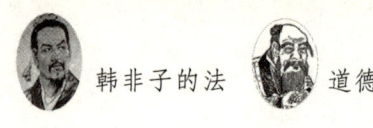

这些放在心上，甚至视之如废物。

1902年，居里先生收到了法兰西共和国大学理学院的通知，说是将向部里提出申请，颁发给他荣誉勋章，以表彰他在科学上的贡献，务请他不要拒绝接受。夫妻俩商量了一下，回信说："请代向部长先生表示我的谢意。并请转告，我对勋章没有丝毫兴趣，我只亟需一个实验室。"

一次，居里夫人的一位朋友应邀到她家做客，进屋后看见居里夫人的小女儿正在玩弄英国皇家协会刚刚授予居里夫人的一枚金质奖章，惊讶地说："这枚体现极高荣誉的金质奖章，能得到它是极不容易的，怎么能够让孩子玩呢？"居里夫人却说："就是要让孩子从小知道，荣誉这东西只是玩具而已，只能玩玩，绝不可以太看重它，如果永远守着它，就不会有出息。"

如果居里夫人获奖后忙于出书、演讲，参加各种社会活动，那么她的科学事业可能会陷入停滞，也许生前能够热闹一时，但她在科学史上的地位必将改写。对居里夫人来说，也许她并没有想什么名垂千古，但她的行动让她做到了这一点。这正应了老子的"圣人后其身而身先，外其身而身存"，因此"能成其私"。如果从老子的视角去看，居里夫人就属于"圣人"的层次了。

司马光是北宋著名的丞相，他曾经主持编纂了鸿篇巨制《资治通鉴》。他的仕途坎坷崎岖，几度升降。失意时，他虽曾一度消沉，但其酷爱看书的习惯一直没变，经常与一帮人喝酒论道、谈古论今，也算交游广阔。在他重获升迁之后，虽然日理万机，但在闲暇之余也会与那些昔日旧友互通往来，鸿雁传书。书信中不免喜忧哀乐，当然也有许多人慨叹怀才不遇，希望哪一天有人能推荐自己，让自己一展抱负。司马光对此了然于胸，所以也会有选择地推荐一些人，刘器之就是其中之一。

一天，刘器之来访，司马光问他："你知道我为什么推荐你吗？"刘器之笑着回答说："当然是因为我们是老相识了。"司马光听后哈哈大笑，反问道："我的旧友故交那么多，若是仅仅因为思念旧友，朝廷里不都是我的旧友故知了？"刘器之听后，一句话也说不上来。司马光接着说："当我赋闲在家的时候，你经常去看望我。咱们一块坐而论道，互抒己见，有时还因为意见不同而争得脸红脖子粗。当时，我的心境不好，你却经常宽慰我、鼓励我。我当时无权无势，你是在真正地帮我。我升官之后，凡是那些与我有过一面之交或者只是数语的泛泛之交都纷纷来信，要我提拔，只有你从来不给我来信。你并不是那种因为我居高位就依附于我的人，对我无求，依然能够安心做学问。对失意的人照顾有加，并不打击；对得意的人并不吹捧。这就是你与其他人最大的差别，因此，我推荐了你。"刘器之听后，不禁慨叹司马光对他的理解，他也对司马光加深了认识。

刘器之的表现并非刻意而为，而是长期习惯养成的，在不知不觉中潜移默化，逐渐由凡入圣，暗合道家圣人的轨迹。

所以老子说："非以其无私邪？故能成其私。"只有能够放下一些人们所追求的"私欲"，才能成就"大私"。

淡泊不是禁欲修行，而是能够时刻不忘记自己的角色和目标，抵御住各种各样的诱惑，在自己的领域里不断攀升。这样，我们才能成就"大私"——对社会、对他人都有益的一种"私"。

5.宠辱不惊,淡看人生枯荣

【原文】

宠为上,辱为下;得之若惊,失之若惊,是谓宠辱若惊。

【大意】

宠代表利益,辱代表灾祸;得到灾祸会恐惧,一心想远离;得到利益也会恐惧,因为不知何时会失去。因此,得到也心惊,失去也心惊,这就叫做"宠辱都会让人心惊"。

生活中就是有这么一些人,整天笼罩在患得患失的阴影之中,心里被得失纷扰得寝食难安,终日忧心忡忡。

古人说:"得不喜,失不忧。"这话说起来不难,做起来却并不容易。

从前有一位神射手,名叫后羿,他练就了一身百步穿杨的好本领,立射、跪射、骑射样样精通,而且箭箭都能射中靶心,几乎从来没有失过手。人们争相传颂他高超的射技,对他非常敬佩。

夏王从左右之人的嘴里听说了这位神射手的本领,也目睹过后羿的表演,十分欣赏他的功夫。有一天,夏王想把后羿召入宫中来,单独给他一个人演习一番,好尽情领略他那炉火纯青的射技。

于是,夏王命人把后羿带到御花园,在那找了个开阔地带,准备了一块一尺见方、靶心直径大约一寸的兽皮箭靶。夏王用手指着箭靶说:"今

天请先生来，是想请你展示一下精湛的本领，这个箭靶就是你的目标。为了使这次表演不至于因为没有竞争而沉闷乏味，我来给你定个赏罚规则：如果射中，我就赏赐给你黄金万两；如果射不中，那就要削减你一千户的封地。现在，请先生开始吧。"

后羿听了夏王的话，面色变得凝重起来。他慢慢走到离箭靶一百步的地方，脚步显得相当沉重。然后，他取出一支箭搭上弓弦，摆好姿势拉开弓，开始瞄准。

想到自己这一箭出去可能发生的结果，一向镇定的后羿呼吸忽然变得急促起来，拉弓的手也有些微微发抖，瞄了几次都没有把箭射出去。过了一会儿，后羿终于下定决心松开了弦，箭应声而出，"啪"地一下钉在了离靶心有几寸远的地方，后羿的脸一下子白了。他再次弯弓搭箭，精神却更加无法集中，射出的箭也偏得更离谱了。

后羿收拾弓箭，勉强赔笑向夏王告辞，悻悻地离开了王宫。夏王在失望的同时，心头也充满了疑惑，就问手下道："这个神箭手后羿平时射起箭来百发百中，为什么今天跟他定下了赏罚规则，他就大失水准了呢？"

手下解释说："后羿平日射箭，不过是一般练习，在一颗平常心之下，水平自然可以正常发挥。可是今天他射出的成绩直接关系到他的切身利益，叫他怎能静下心来充分施展技术呢？看来，一个人只有真正把赏罚置之度外，才能成为当之无愧的神箭手啊！"

面对得失成败，不同人有不同的态度，但患得患失却是不少人的通病。他们斤斤计较，瞻前顾后，犹豫不决，吃着碗里的，看着锅里的，"得之若惊，失之若惊"。

一个和尚肩上挑着一根扁担信步而走，扁担上悬挂着一个盛满绿豆

汤的壶。他不慎失足跌了一跤,壶掉落到地上摔得粉碎,这个和尚却看也不看,只是若无若其事地站起来继续往前走。

这时,有一个人急忙跑过来说:"你不知道壶已经破了吗?"

"我知道。"老和尚不慌不忙地回答道,"我听到它掉落了。"

"那你怎么不转身,看看该怎么办呢?"

"它已经破碎了,汤也流光了,你说我还能怎么办?"

在得失之间,一定要有这个老和尚的心态:得则得之,失则失之。任何东西都是生不带来、死不带去的,何必让自己饱受心惊的煎熬呢?

宠辱不惊不是表面功夫,而是一种实实在在的内心修养。

道家的人很注重对内心的修养,老子提倡的,实际上是一种把自己锤炼得宠辱不惊的心态。唯有如此,人才能肩负重任,才能有所成就,为天下苍生谋利。

东汉中期著名官员第五访,年幼时家境贫寒,曾经到豪门大族家里打工,挣钱奉养兄嫂。少年的艰辛令他尝遍了人间疾苦,因此,他对人民的遭遇有非常深切的体会。长大以后,他被人举荐当了郡守的总务长,处理地方上一些人事的任免以及其他政务。任职期间,他兢兢业业、尽职尽责,因此政绩显著,很快就得到了提拔,被任命为县令。在上任之后,第五访治县有方,百业兴盛。三年之内,相邻几个县的人都纷纷涌入第五访治下的县城,这使得该县的人口激增。要知道,中国古代人口多了,劳动力就多,这是评价一个官员政绩的重要标准。因为第五访的卓越政绩,他被朝廷提拔为甘肃张掖的太守。谁知一上任就遇上了百年不遇的大旱,一连好几个月,甘肃滴雨未下,焦土千里,庄稼更是颗粒无收。这时,一些豪家大贾趁机囤积居奇,抬高粮价,民众无钱购买,怨声载道。

第五访看到民众生活在水深火热之中，心急如焚，寝食难安。为此，他当即决定开仓放粮，赈济灾民。但粮库开启是需要朝廷批准的，其他官员都怕朝廷怪罪，因此，他们打算先上报，然后再行动。可是，从甘肃到朝廷，路途遥远，若不果断采取行动，后果将不堪设想。因此，第五访果断地说："我身为一县之长，愿意以自身性命挽救民众。如若朝廷怪罪，那就我一人负责。"于是慨然打开粮仓，按照人口多少，赈灾放粮。

事后，第五访把灾情和开仓放粮的情况上报朝廷，皇帝知道后不仅没有怪罪，还嘉奖了他。第二年，第五访率领百姓救灾建业，恢复生产，在风调雨顺的年景下大获丰收，官民喜气洋洋，郡内一片太平，百姓们都对第五访感恩戴德，称之为"父母官"。

第五访能够急民众之所急，以身为天下，正符合老子所提倡的精神。

《菜根谭》里说"宠辱不惊，看庭前花开花落；去留无意，望天上云卷云舒。"这样的心境是人们在现代社会中面临事物的大迁大动时所需要的。我们应该到老子那里寻找智慧，体会他所提倡的那种宠辱不惊的心境，追求他在此种心境之上以身托天下的境界。当然，宠辱不惊并不是要求我们什么事都不关心，而是能够在"宠辱"面前放开自己、放下自己，去思考，去实践，想得更远，从而使人生的境界更高。

观世间万事，既得之，则安之；既失之，亦安之。不患不得，亦不患得而复失。这是一种自然、旷达、超然的人生智慧。

6.保持纯真的本性

【原文】

小国寡民。使有什伯之器而不用;使民重死而不远徙。虽有舟舆,无所乘之;虽有甲兵,无所陈之。使民复结绳而用之。甘其食,美其服,安其居,乐其俗。邻国相望,鸡犬之声相闻,民至老死,不相往来。

【大意】

理想的国家是,国土很小,人民很少,没有冲突和纠纷。纵使拥有兵器也用不着,人民也不需要冒着生命危险向远方迁徙。虽然有船只车辆,但没有机会乘坐;虽然有盔甲,但没有机会去展示。使人们回到绳结记事的时代。人们觉得自己的饮食很甜美,衣服很漂亮,居所很安适,习俗很称心。邻国之间互相可以望见,鸡鸣狗叫的声音可以互相听见,但这些相邻国家的人民,一直到老死,也互不往来。

《老子》中的这一章,遭受诟病较多。有人认为,这一章集中表达了老子倒退、复古的历史观,幻想回到原始社会中去,因此是反动的、退步的。尽管从字面的意思看确实如此,但是这样理解就有些偏狭了。

对于这一章,与其认为是老子的社会历史观,不如认为是老子发出的一句激愤的反语。对于那个战乱不止、互相争霸的时代,老子不只是厌恶,简直是痛恨。在他看来,与其这样大家打来打去,让老百姓遭受无休止的战乱之苦,还不如回到过去那个落后的时代。但时代真的能够倒退回去吗？当然不能，老子自己也是知道的，他这样说，实际上是对过去曾经存在过的人类纯真的一种向往和呼唤。

人们总会怀念过去，拿我们自己来说，我们都曾经抱怨现在过年、过节没有年味、节味，远远不如早年。遥想当年，虽然没有如今令人眼花缭乱的商品，也没有这么多的山珍海味，但那段美好的回忆却十分值得珍藏。我们都有一种怀旧情结，往日的岁月虽然困苦，但在那个年代里，大家都怀有一种对未来的美好憧憬。正是那种纯真的状态，使人们保持着对未来的无限期盼。

老子这些话是对谁说的呢？应该就是对当时的那些当政者说的。他的意思是，你们现在把天下搞得这么乱，我们还不如回到过去呢。然而过去是回不去的，但是过去人们那种纯真的本性是可以恢复的，只要你们这些当政者能够保持这种纯真的本性，老百姓也就会变得纯真起来，社会自然会安定了。老子对人性纯真的这种呼吁，在其他章中也不难看到，不如他所说的"复归于婴儿""含德之厚，比于赤子"之类的话，也表达了老子的这种观念。

北宋著名的文学家苏东坡就是一位保持着纯真本性的人，他的经历可谓坎坷曲折。

宋神宗熙宁七年秋天，苏东坡由杭州通判调迁为密州知州。杭州是众所周知的天下富足的地方，当时号称"上有天堂，下有苏杭"，繁华富足天下闻名。而密州则是今天的山东诸城，尽管历史悠久，但比起杭州来说，还是有天壤之别。一般官员由杭州调到密州，都会有被贬的心理。

刚到密州的时候，这里的收成一点也不好，盗贼经常出没，人们吃的东西也很少，哪里比得上江南的物阜繁华？苏东坡没有办法，干脆领着家人挖野菜，甚至吃菊花、枸杞。一年之后，苏东坡竟然身宽体胖，头发也更黑了。这是什么原因呢？原来，苏东坡此时心境坦然，他非常喜欢那里淳朴的风俗，与当地的百姓和官员相处得非常融洽。

苏东坡一有闲暇就会整理自己的园子,清扫庭院,闲来无事还会把破漏的房屋修葺一下。苏东坡说,他家园子北面有个旧亭子,经过整理修葺后,他经常登亭远眺,放任自己的思绪,尽情遐想。

闲来无事的时候,苏东坡还会去打猎,那种旷达之情在苏东坡的诗中也有体现:"老夫聊发少年狂,左牵黄,右擎苍,锦帽貂裘,千骑卷平冈。为报倾城随太守,亲射虎,看孙郎。酒酣胸胆尚开张,鬓微霜,又何妨?持节云中,何日遣冯唐?会挽雕弓如满月,西北望,射天狼。"苏东坡之所以能够过得如此快乐,是因为他能始终保持自己率真的本性。

明代思想家洪应明说:"涉世浅,点染亦浅;涉世深,机械亦深。故君子与其练达,不若朴鲁;与其谨慎,不若疏狂。"苏东坡虽然几经官场沉浮,但是仍然保持着纯真的本色,这是非常难得的。

正所谓"人之初,性本善",老子所说的追求人间的美好,保持那种纯真的本性,一直是人们永恒的诉求。

7.幸福不设限

【原文】

道常无名,朴。虽小,天下莫能臣。

【大意】

"道"永远是无名的、朴实简单的,它虽然微小,但天下间却没有人能够操纵它。

许多人都在以自己的方式寻找着幸福，然而，他们却越来越不幸福。这究竟是为什么呢？

老子认为："道常无名，朴。虽小，天下莫能臣。"生活是简单的，幸福也是简单的，然而这简单的幸福却不容易得到。唯有我们用心地做自己，才能触及这些简单的幸福。

有一只老猫整日忧心忡忡，愁眉不展，想着自己的心事，它觉得自己是世界上最不幸福的猫。

有一天，它看到一只小猫正转着圈追赶自己的尾巴，玩得乐不可支。老猫问："你怎么会这么幸福呢？"小猫说："我的尾巴上有幸福。"

老猫回到家，也转着圈追赶自己的尾巴，果然觉得自己很幸福。老猫恍然大悟："原来幸福全在尾巴上。"

"猫的幸福在猫尾巴上"，多么深奥而简单的智慧呀！由此可见，幸福是可以制造的。其实，我们也有许多幸福的"尾巴"，只是在纷杂的生活中将它们遗失了。

如果你认为幸福是清早起来新鲜的空气、一顿丰盛的晚餐、一个真诚的问候，那么，幸福就会与你如影随形。

曾经有过这样一个调查："世界上谁最幸福？"

在上万个答案中，有几个答案十分精彩，它们分别是：吹着口哨欣赏自己刚刚完成的作品的艺术家；给婴儿洗澡的母亲；正在沙地里堆城堡的孩子；劳累了几个小时终于救治了一位病人的外科大夫……

这些幸福其实就在我们的生活周围。除了这些，应该还有许许多多的答案：口渴时的一杯水，酷热时的一阵风……

在罗马尼亚，有一个许多人都喜欢去的墓地，因为这墓地上有许多幸福的文字。有一块墓碑上写着一篇文章："村中我最老，生平喜舞蹈，彼得兄弟俩，放声做伴唱……你们快来看看我，像我这样能够活到九十六，祝您活得比我老。"这样的墓志铭在这片墓地上很多，吸引了许多游客驻足，鲜有人迹的墓地成了游览景点，实在是让墓地管理者始料不及。而这些幸福竟然是这些步入黄泉的农人、贫困者甚至是乞丐给世人留下的，他们活着为自己制造了幸福，死了又给世人带来了幸福。

生活中的幸福有许多种，究竟哪种是属于我们自己的呢？我们自己的幸福正是我们所拥有的生活，看似简单而充实的生活。

有一个小男孩正上小学二年级，学期末时，老师留了一项作业，要他们当小记者访问爸爸。共有六个问题，有一大半是资料性的，如在哪里工作、负责哪一方面的事等，其中的第五题是："爸爸的梦想是什么？怎么实现？"

回到家，男孩向爸爸提出了这个问题，爸爸说："我有三个愿望，第一个愿望是吃得下饭，第二个愿望是睡得着觉，第三个愿望是笑得出来。"

儿子看了看爸爸，说："别人的爸爸都有伟大的愿望，比如做科学家、航天员什么的，你的愿望根本称不上是愿望，太渺小了。"

爸爸说："要不然，你照我的话写完之后，再写一篇《我眼中的爸爸》附在后面，让老师了解这不是你随便写的，而是你爸爸的本性就是如此。"

儿子觉得有道理，于是很快地写了一篇没分段的作文。

第二天，爸爸问儿子，老师怎么说？

儿子挠了挠头，有点不好意思地说："老师上课时叫我到前面，说我的访问和作文写得非常好，给了我98分，是全班最高的，比班上的模范生还高，还把我的作文念给了全班听。"

"那她有没有说为什么？"

"她说她先生的工作最近不太顺利，已经有好几天睡不着觉了，也只吃得下一点东西。爸爸的三个愿望很有意思。"

幸福没有多高的条件，吃得下饭、睡得着觉、笑得出来的人，就是幸福的。

放低幸福的底线，人们就会发现，幸福不是完美或永恒，它只是内心对生命流转的感受和领悟；幸福很简单，它不仅留存于他人给自己的关爱与恩惠中，同样也积存在我们自己的爱心与真诚里；幸福很简单，简单得在它来到我们身边的时候，或许我们根本就没有察觉。

生活简单就是幸福，并不是说让我们放弃对目标的追逐，而是要我们懂得忙碌中的停歇是身心的恢复和调整，是下一步冲刺的前奏，是以饱满的热情和旺盛的精力去投入新的"战斗"的一个"驿站"；生活简单就是幸福，并不是让我们放弃对生活的热爱，而是教我们于点点滴滴中去积累人生，在平平淡淡中去寻求充实和快乐。

放下沉重的负累，敞开明丽的心扉，去过好你的每一天。问问自己，你吃得下饭吗？睡得着觉吗？你笑得出来吗？如果这些你都能做到，那你还有什么好悲伤的呢？适当降低幸福的底线，牢记幸福这三个简单的条件，幸福生活一定会属于你。